W0087671

DuMonts großes Buch der

KINDER
LIEDER

Michael Holtmann

mit Illustrationen
von Albert Kokai

DUMONT
monte

Vorwort

»Wie es die Alten sungen, so zwitschern's auch die Jungen.«

Wer nach diesem Motto ein Kinderlied singen möchte, kommt mitunter ein wenig ins Stocken: So kennt jeder das Lied vom Jäger aus Kurpfalz. Doch dann wird es schon schwieriger. Wie lautet die dritte Strophe nun wörtlich? Und wie waren doch gleich die Gitarrengriffe!

Gerade hier will unser Buch eine kleine Hilfestellung geben:

Wir haben die – unserer Meinung nach – schönsten und bekanntesten Kinderlieder nach Themen zusammengestellt. Wer möchte, der kann also von Seite zu Seite blättern, und damit von Lied zu Lied. Wer dagegen ein ganz bestimmtes Lied singen will und dessen Text und Noten sucht, der schaut einfach hinten in das ausführliche Register und findet so zu Text und Lied.

Hat man sich nun für ein bestimmtes Lied entschieden, ist alles weitere ganz einfach: Jedem Lied ist eine ganze Doppelseite gewidmet, klar strukturierte Noten und ein gut lesbarer Text dienen auch Musikern und Sängern ohne große Erfahrung und Grundkenntnisse als gut anwendbare Vorlage. Die Gitarrengriffe zu jedem Lied ermöglichen zudem eine einfache Instrumentenbegleitung.

Die liebevollen Illustrationen erzählen zu jedem Lied eine kleine Geschichte. An ihnen wird deutlich, was für uns bei diesem Buch im Vordergrund steht: die Freude am Singen und (Mit)spielen für alle – für die Kleinsten, für Jugendliche, aber auch für jung gebliebene »Alte«.

Und nun gilt das Motto:
»Ein Lied, damit mein Herz sich freut!«

Viel Spaß beim Singen der Lieder in diesem Buch!

Inhalt

Tageszeiten/ Gute Nacht 12

Das Jahr hindurch 36

Für die Kleinsten 56

Tiere und lustige Gestalten 78

Bunte Geschichten 108

Weihnachten 144

Internationale Lieder/ Moderne Klassiker 174

Tageszeiten/Gute Nacht

Dieses Kapitel stellt ganz muntere Menschen vor – und ganz müde. Gar nicht aus dem Bett kommt Bruder Jakob, der Langschläfer. Wir treffen die Wanderer, die schon im Frühtau zu Berge ziehen und dabei voll Überzeugung singen: »Kein schöner Land!« Unterwegs sehen die Wanderer die Kleine Raupe Nimmersatt, die fleißig an den Blättern nagt. Ist der Mond erst aufgegangen, preist man den Abend (»Oh, wie wohl ist mir am Abend«) und macht mit seiner Laterne einen kleinen Umzug.

Nach einem so abwechslungsreichen Tag liegen die Kinder dann mit frisch geputzten Zähnen im Bett (»Schlaf, Kindchen, schlaf!«). Und schließlich gibt die Mutter den müden Kleinen die Frage mit auf den Weg: »Weißt du, wieviel Sternlein stehen?«

Volkslied aus Frankreich

Bruder Jakob

Bru - der Ja - kob, Bru - der Ja - kob, schläfst du noch, schläfst du noch?

Hörst du nicht die Glo-cken, hörst du nicht die Glo-cken? Ding dang dong, ding dang dong.

Frère Jacques

Frère Jacques, frère Jacques,
dormez vous, dormez vous?
Sonnez les matines, sonnez les matines?
Dig, din, don. Dig, din, don.

Text: Matthias Claudius
Musik: Johann Abraham Peter Schulz

Der Mond ist aufgegangen

1. Der Mond ist auf-ge-gan - gen, die gold - nen Stern - lein
pran - gen, am Him - mel hell und klar.
Der Wald steht schwarz und schwei - get, und aus den Wie - sen
stei - get, der wei - ße Ne - bel wun - der - bar.

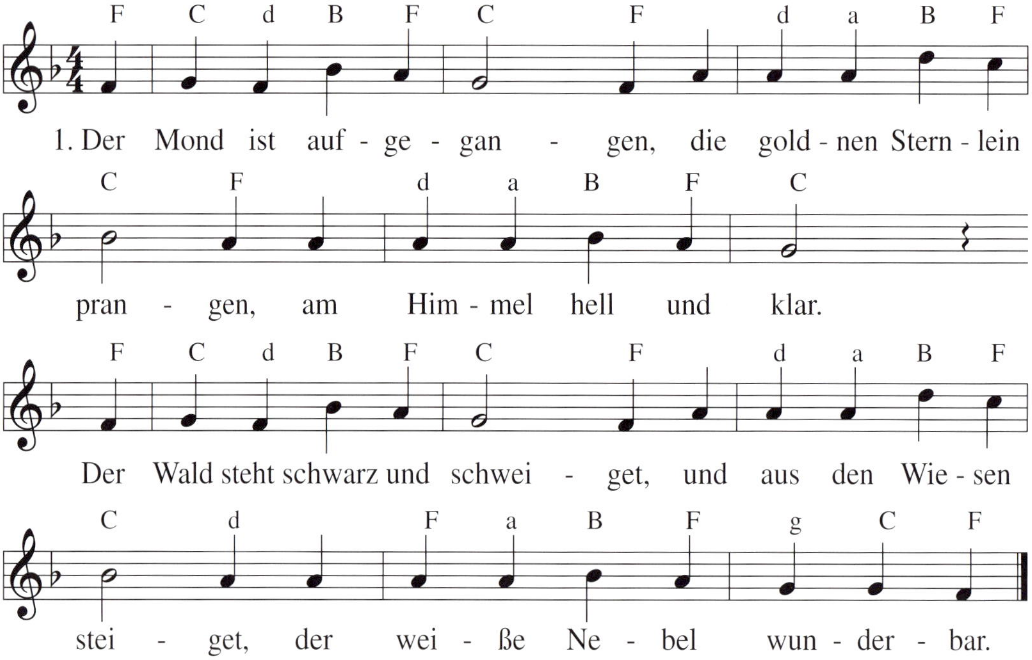

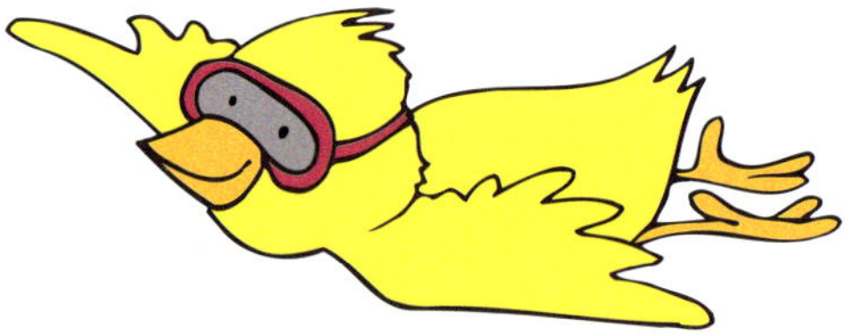

2. Wie ist die Welt so stille
und in der Dämmerung Hülle
so traulich und so hold.
Als eine stille Kammer,
wo ihr des Tages Jammer
verschlafen und vergessen sollt.

3. Seht ihr den Mond dort stehen?
Er ist nur halb zu sehen
und ist doch rund und schön.
So sind wohl manche Sachen,
die wir getrost belachen,
weil unsre Augen sie nicht sehn.

4. Wir stolzen Menschenkinder
sind eitel arme Sünder
und wissen gar nicht viel.
Wir spinnen Luftgespinste
und suchen viele Künste
und kommen weiter von dem Ziel.

5. Gott, lass dein Heil uns schauen,
auf nichts Vergänglichs trauen,
nicht Eitelkeit uns freun.
Lass uns einfältig werden
und vor dir hier auf Erden
wie Kinder fromm und fröhlich sein.

6. Wollst endlich sonder Grämen
aus dieser Welt uns nehmen
durch einen sanften Tod.
Und wenn du uns genommen,
lass uns in' Himmel kommen
du unser Herr und unser Gott.

7. So legt euch denn, ihr Brüder,
in Gottes Namen nieder;
kalt ist der Abendhauch.
Verschon uns, Gott, mit Strafen,
und lass uns ruhig schlafen
und unsern kranken Nachbarn auch.

Text: 1. Strophe nach »Des Knaben Wunderhorn«
2. Strophe Georg Scherer
Musik: Johannes Brahms

Guten Abend, gut' Nacht

1. Gu-ten A - bend, gut' Nacht, mit Ro - sen be - dacht,

mit Näg - lein be - steckt, schlüpf un - ter die Deck!

Mor-gen früh, wenn Gott will, wirst du wie - der ge-weckt,

mor-gen früh, wenn Gott will, wirst du wie - der ge-weckt.

2. Guten Abend, gut' Nacht,
von Englein bewacht,
die zeigen im Traum
dir Christkindleins Baum.
Schlaf nur selig und süß,
schau im Traum 's Paradies,
schlaf nur selig und süß,
schau im Traum 's Paradies.

Volkslied

Guter Mond

1. Gu-ter Mond, du gehst so stil - le durch die A-bend-wol - ken hin.
Dei-nes Schöp-fers wei - ser Wil - le hieß auf je - ner Bahn dich ziehn.

Leuch-te freund - lich je - dem Mü - den in das stil - le Käm - mer -

lein, und dein Schim-mer gie - ße Frie - den ins be-dräng-te Herz hi - nein!

2. Guter Mond, o gieße Frieden
in das arme Menschenherz.
Wende von dem Schmerz hienieden
unsre Seele himmelwärts.
Mild und freundlich schaust du nieder
von des Himmels blauem Zelt,
und es tönen unsre Lieder
hell hinauf zum Herrn der Welt.

3. Guter Mond, du wandelst leise
an dem blauen Himmelszelt,
wo dich Gott zu seinem Preise
hat als Leuchte hingestellt.
Blicke traulich zu uns nieder
durch die Nacht aufs Erdenrund.
Als ein treuer Menschenhüter
tust du Gottes Liebe kund.

4. Guter Mond, du gehst so stille
in den Abendwolken hin,
bist so ruhig, und ich fühle,
dass ich ohne Ruhe bin.
Traurig folgen meine Blicke
deiner stillen, heitren Bahn.
O wie hart ist mein Geschicke,
dass ich dir nicht folgen kann.

5. Guter Mond, dir will ich's sagen,
was mein banges Herze kränkt,
und an wen mit bittren Klagen
die betrübte Seele denkt!
Guter Mond, du kannst es wissen,
weil du so verschwiegen bist,
warum meine Tränen fließen
und mein Herz so traurig ist.

6. Ach, dass auch in unsre Herzen
Himmelsruhe zöge ein,
dass wir immer frei von Schmerzen,
stets zufrieden möchten sein!
Sanft umströmet uns dein Schimmer,
klarer milder Mondenschein.
Menscheherz, o dass du immer
wärst wie dieses Licht so rein!

Volkslied

Ich geh' mit meiner Laterne

Ich geh' mit mei-ner La-ter - ne und mei-ne La-ter-ne mit mir.

Dort o - ben leuch-ten die Ster - ne, und un-ten, da leuch - ten wir.

Mein Licht ist aus, wir gehn nach Haus, ra-bim-mel, ra-bam-mel, ra - bum.

Mein Licht ist aus, wir gehn nach Haus, ra-bim-mel, ra-bam-mel, ra - bum.

Text: nach Walther Hensel
Musik: Volkslied aus Schweden

Im Frühtau zu Berge

1. Im   Früh-tau zu Ber-ge wir ziehn, fal-le-ra.   Es grü-nen die Wäl -der, die

Höhn, fal-le-ra.   Wir wan-dern oh-ne Sor-gen   sin-gend in den Mor-gen noch

eh' im   Ta - le die Häh-ne krähn.

2. Ihr alten und hochweisen Leut', fallera,
ihr denkt wohl, wir wären nicht gescheit, fallera.
|: Wer sollte aber singen, wenn wir schon Grillen fingen
in dieser so herrlichen Frühlingszeit. :|

3. Werft ab alle Sorgen und Qual, fallera,
kommt mit auf die Höhen aus dem Tal, fallera.
|: Wir sind hinausgegangen, den Sonnenschein zu fangen.
Kommt mit, und versucht es doch auch einmal. :|

Volkslied

Kein schöner Land

1. Kein schö-ner Land in die-ser Zeit als wie das un-sre weit und breit,

wo wir uns fin - den wohl un-ter Lin - den zur A-bend - zeit,

wo wir uns fin - den wohl un-ter Lin - den zur A - bend - zeit.

2. Da haben wir so manche Stund'
gesessen da in froher Rund
|: und taten singen,
die Lieder klingen
im Talesgrund. :|

3. Dass wir uns hier in diesem Tal
noch treffen so viel hundertmal,
|: Gott mag es schenken,
Gott mag es lenken,
er hat die Gnad'. :|

4. Nun, Brüder, eine gute Nacht!
Der Herr im hohen Himmel wacht.
|: In seiner Güte
uns zu behüten,
ist er bedacht. :|

Text: Rosemarie Hetzner
Musik: Wolfram Menschick

Die kleine Raupe Nimmersatt

1. Die klei - ne Rau - pe Nim - mer - satt
fraß hung - rig sich von Blatt zu Blatt,
da wur - de aus dem klei - nen Ding
ein wun - der - schö - ner Schmet - ter - ling.

2. Der wunderschöne Schmetterling
tanzt flatternd zu den Blumen hin,
er lockt die Kinder übers Feld,
hinaus in unsre bunte Welt.

Volkslied

Oh, wie wohl ist mir am Abend

Kanon für drei Stimmen

Oh, wie wohl ist mir am A - bend, mir am A - bend, wenn zur Ruh' die

Glo - cken läu - ten, Glo-cken läu - ten: bim, bam, bim, bam, bim, bam.

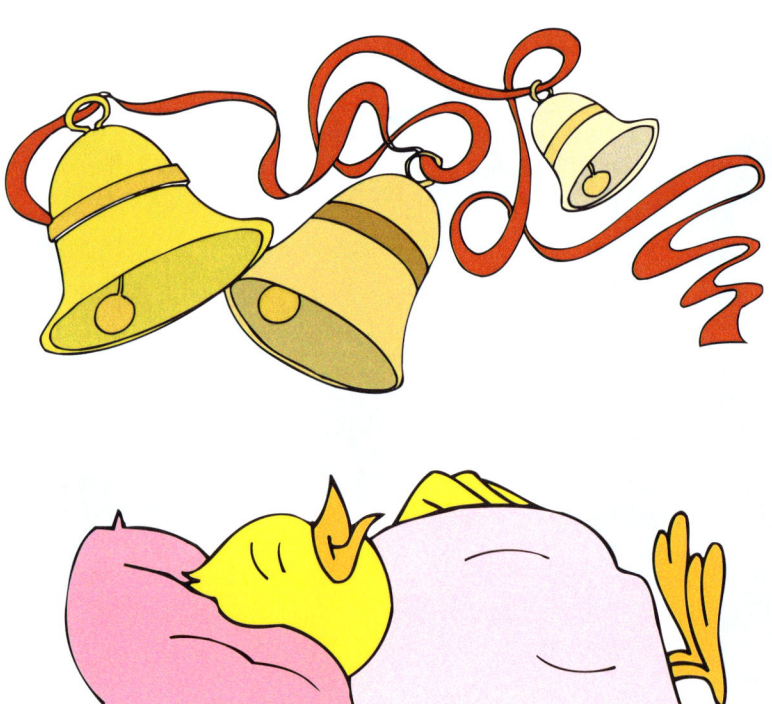

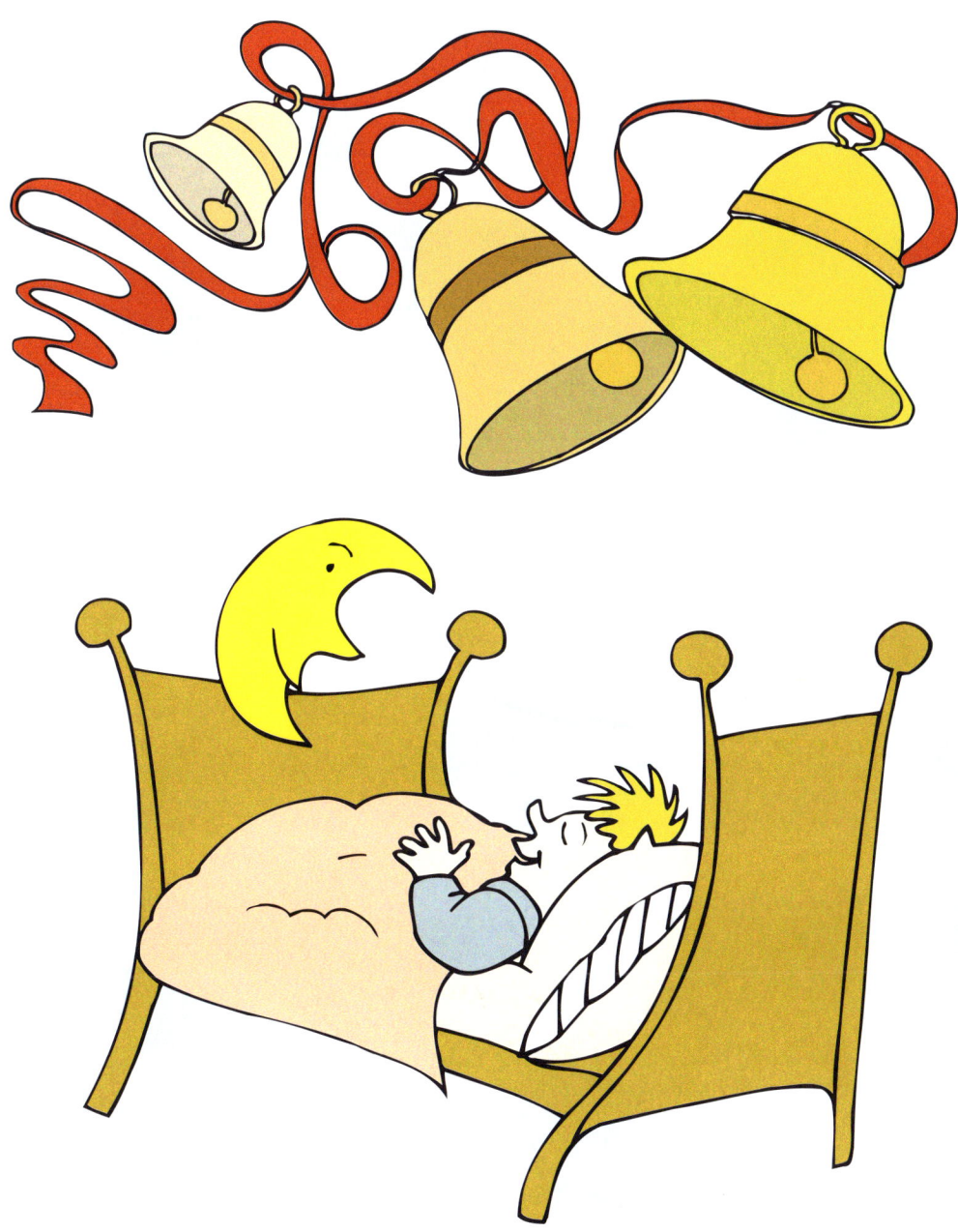

Volkslied

Schlaf, Kindchen, schlaf

1. Schlaf, Kind-chen, schlaf! Der Va-ter hüt' die Schaf, die Mut-ter schüt-telt's Bäu-me-lein, da fällt he-rab ein Träu-me-lein. Schlaf, Kind-chen, schlaf!

2. Schlaf, Kindchen, schlaf!
Am Himmel ziehn die Schaf.
Die Sternlein sind die Lämmerlein,
der Mond, der ist das Schäferlein.
Schlaf, Kindchen, schlaf!

3. Schlaf, Kindchen, schlaf!
So schenk' ich dir ein Schaf
mit einer goldnen Schelle fein.
Das soll dein Spielgeselle sein.
Schlaf, Kindchen, schlaf!

Text: Wilhelm Hey
Musik: Volkslied

Weißt du, wieviel Sternlein stehen

1. Weißt du, wie-viel Stern-lein ste-hen an dem blau-en Him-mels-zelt?

Weißt du, wie-viel Wol-ken ge-hen weit-hin ü-ber al-le Welt?

Gott, der Herr, hat sie ge-zäh-let, dass ihm auch nicht ei-nes feh-let

an der gan-zen gro-ßen Zahl, an der gan-zen gro-ßen Zahl.

2. Weißt du, wieviel Mücklein spielen in der heißen Sonnenglut?
Wieviel Fischlein auch sich kühlen in der hellen Wasserflut?
Gott, der Herr, rief sie mit Namen, dass sie all' ins Leben kamen,
|: dass sie nun so fröhlich sind. :|

3. Weißt du, wieviel Kinder frühe stehn aus ihrem Bettlein auf,
dass sie ohne Sorg' und Mühe fröhlich sind im Tageslauf?
Gott im Himmel hat an allen
seine Lust, sein Wohlgefallen,
|: kennt auch dich
und hat dich lieb. :|

Das Jahr hindurch

In diesem Kapitel geht es um die Jahreszeiten und die verschiedenen Berufe, die mit der Natur im Wandel des Jahres zu tun haben. So bestellt der Bauer im Märzen den Acker, und der Hirte spielt auf seiner Schalmei. Auch der Müller hat das Jahr über viel zu tun, denn seine Mühle klappert am rauschenden Bach. Überhaupt gibt es guten Grund, den Frühling mit einem Lied zu begrüßen (»Komm lieber Mai und mache«, »Der Mai ist gekommen«). Aber auch die kälteren Jahreszeiten haben ihre angenehmen Seiten, und davon künden schöne Lieder: Der Herbst ist die Zeit der Umzüge (»Laterne, Laterne«), und im Winter kommen die Schneeflöckchen zu Besuch. Und was einen zu jeder Jahreszeit erfreut, ist ein großherziger Mensch, der wie Sankt Martin auch an die armen Menschen denkt und ihnen hilft.

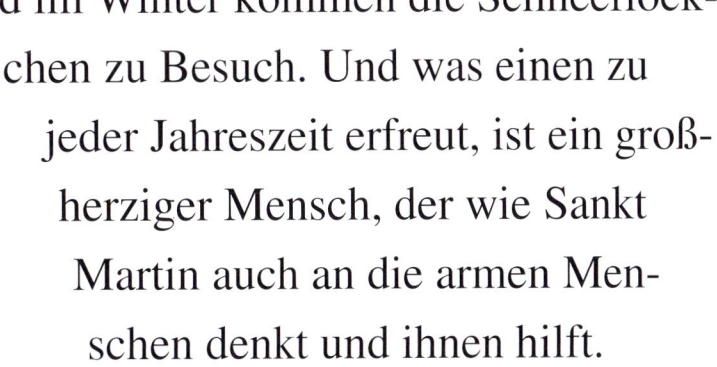

Text: Emanuel Geibel
Musik: Justus Wilhelm Lyra

Der Mai ist gekommen

1. Der Mai ist ge - kom - men, die Bäu-me schla-gen aus,
da blei - be, wer Lust hat, mit Sor - gen zu Haus!

Wie die Wol - ken dort wan - dern am himm- li - schen Zelt,

so steht auch mir der Sinn in die wei-te, wei - te Welt.

2. Herr Vater, Frau Mutter, dass Gott euch behüt'!
Wer weiß, wo in der Ferne mein Glück mir noch blüht.
Es gibt so manche Straße, da nimmer ich marschiert;
es gibt so manchen Wein, den ich nimmer noch probiert.

3. Frisch auf drum, frisch auf drum im hellen Sonnenstrahl,
wohl über die Berge, wohl durch das tiefe Tal!
Die Quellen erklingen, die Bäume rauschen all',
mein Herz ist wie 'ne Lerche und stimmet ein mit Schall.

4. Und abends im Städtlein, da kehr ich durstig ein:
Herr Wirt, he, Herr Wirt, eine Kanne blanken Wein!
Ergreife die Fiedel, du lust'ger Spielmann du,
von meinem Schatz das Liedel, das sing ich dazu!

5. Und find ich kein' Herberg',
so lieg ich zur Nacht
wohl unter blauem Himmel,
die Sterne halten Wacht.
Im Winde die Linde,
die rauscht mich ein gemach,
es küsset in der Früh
das Morgenrot mich wach.

6. O Wandern, o Wandern,
du freie Burschenlust!
Da weht Gottes Odem
so frisch in die Brust;
da singet und jauchzet
das Herz zum Himmelszelt:
Wie bist du doch so schön,
o du weite, weite Welt!

Text: Ernst Anschütz
Musik: Volkslied

Es klappert die Mühle

1. Es klap - pert die Müh-le am rau-schen-den Bach: klipp klapp.

Bei Tag und bei Nacht ist der Mül-ler stets wach: klipp klapp.

Er mah-let das Korn zu dem kräf-ti-gen Brot, und ha-ben wir die-ses, so

hat's kei-ne Not. Klipp klapp, klipp klapp, klipp klapp. Klipp klapp.

2. Flink laufen die Räder und drehen den Stein: klipp klapp.
Sie mahlen den Weizen zu Mehl uns so fein: klipp klapp.
Der Müller, der füllt uns den schweren Sack,
der Bäcker das Brot und den Kuchen uns backt.
|: Klipp klapp, klipp klapp, klipp klapp. :|

3. Wenn goldene Körner das Ackerfeld trägt, klipp klapp,
die Mühle dann flink ihre Räder bewegt, klipp klapp.
Und schenkt uns der Himmel nur immer das Brot,
so sind wir geborgen und leiden nicht Not.
|: Klipp klapp, klipp klapp, klipp klapp. :|

Text: Volksgut
Musik: Richard Rudolf Klein

Es regnet, Gott segnet

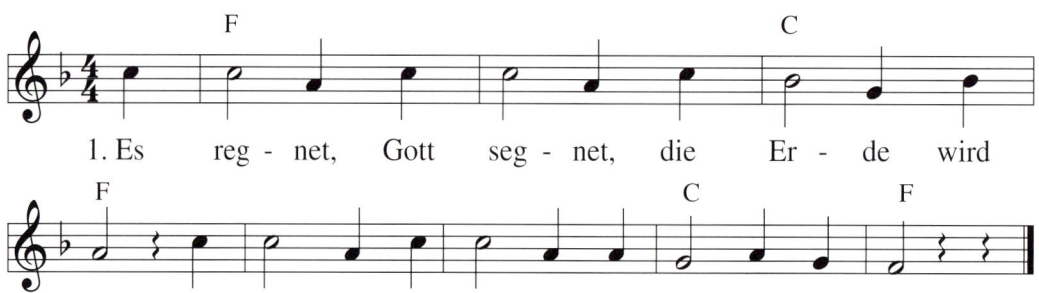

1. Es reg - net, Gott seg - net, die Er - de wird nass. Bunt wer - den die Blu - men und grün wird das Gras.

2. Es regnet, Gott segnet,
der Kuckuck wird nass.
Wir sitzen im Trocknen,
was schadet uns das?

3. Es regnet, Gott segnet.
Und werden wir nass,
so wachsen wir lustig
wie Blumen und Gras.

Volkslied

Kanon zu drei Stimmen

Es tönen die Lieder

1. F   C   F   2.

Es tö - nen die Lie - der, der Früh - ling kehrt wie - der, es

C   F   3.

spie - let der Hir - te auf sei - ner Schal - mei: la

C   F

la la la la la la la la la la la la la la la la.

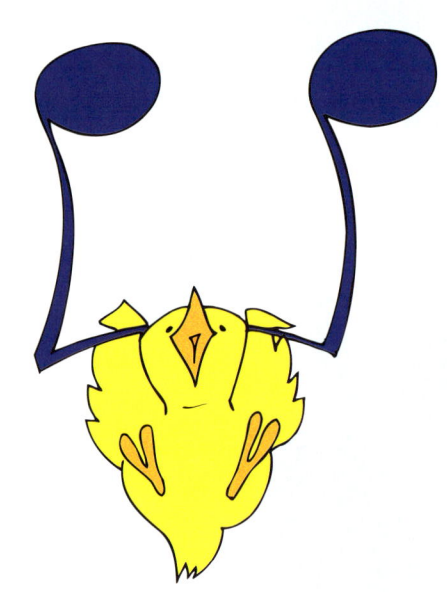

Volkslied aus Mähren

Im Märzen der Bauer

1. Im Mär - zen der Bau - er die Röss - lein ein - spannt;

er setzt sei - ne Fel - der und Wie - sen in Stand.

Er pflü - get den Bo - den, er eg - get und sät

und rührt sei - ne Hän - de früh - mor - gens und spät.

2. Die Bäurin, die Mägde, sie dürfen nicht ruh'n;
sie haben im Haus und im Garten zu tun.
Sie graben und rechen und singen ein Lied;
sie freu'n sich, wenn alles schön grünet und blüht.

3. So geht unter Arbeit das Frühjahr vorbei;
da erntet der Bauer das duftende Heu.
Er mäht das Getreide, dann drischt er es aus;
im Winter da gibt es manch fröhlichen Schmaus.

Text: Christian Adolf Overbeck
Musik: Wolfgang Amadeus Mozart

Komm lieber Mai und mache

1. Komm, lie-ber Mai, und ma - che die Bäu - me wie - der grün,

und lass mir an dem Ba - che die klei - nen Veil - chen blühn!

Wie möcht ich doch so ger - ne ein Veil-chen wie - der sehn,

ach, lie - ber Mai, wie ger - ne ein - mal spa-zie - ren gehn!

2. Zwar Wintertage haben wohl auch der Freuden viel;
man kann im Schnee eins traben und treibt manch Abendspiel,
baut Häuserchen von Karten, spielt Blindekuh und Pfand;
auch gibt's wohl Schlittenfahrten auf's liebe freie Land.

3. Ach, wenn's doch erst gelinder und grüner draußen wär!
Komm, lieber Mai, wir Kinder, wir bitten gar zu sehr!
O komm und bring vor allem uns viele Veilchen mit,
bring auch viel Nachtigallen und schöne Kuckucks mit!

Volkslied aus Norddeutschland

Laterne, Laterne, Sonne, Mond und Sterne

La - ter - ne, La - ter - ne, Son - ne Mond und Ster - ne.

Bren - ne auf, mein Licht, bren - ne auf, mein Licht,

a - ber nur mei - ne lie - be La - ter - ne nicht.

Volkslied aus dem Rheinland

Sankt Martin

1. Sankt Mar - tin, Sankt Mar - tin, Sankt Mar-tin ritt durch Schnee und Wind,

sein Ross, das trug ihn fort ge-schwind. Sankt Mar-tin ritt mit leich-tem Mut,

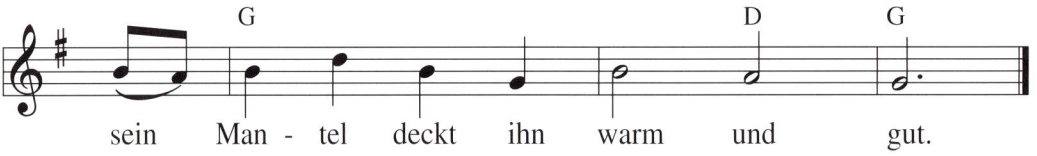

sein Man - tel deckt ihn warm und gut.

2. Im Schnee saß, im Schnee saß,
im Schnee, da saß ein armer Mann,
hat Kleider nicht, hat Lumpen an.
»O helft mir doch in meiner Not,
sonst ist der bittre Frost mein Tod!«

3. Sankt Martin, Sankt Martin,
Sankt Martin zieht die Zügel an,
das Ross steht still beim armen Mann.
Sankt Martin mit dem Schwerte teilt
den warmen Mantel unverweilt.

4. Sankt Martin, Sankt Martin,
Sankt Martin gibt den halben still,
der Bettler rasch ihm danken will.
Sankt Martin aber ritt in Eil'
hinweg mit seinem Mantelteil.

Volkslied

Schneeflöckchen, Weißröckchen

1. Schnee - flöck-chen, Weiß - röck-chen, nun kommst du ge - schneit, du

wohnst in den Wol - ken, dein Weg ist so weit.

2. Komm setz dich ans Fenster,
du lieblicher Stern,
malst Blumen und Blätter,
wir haben dich gern.

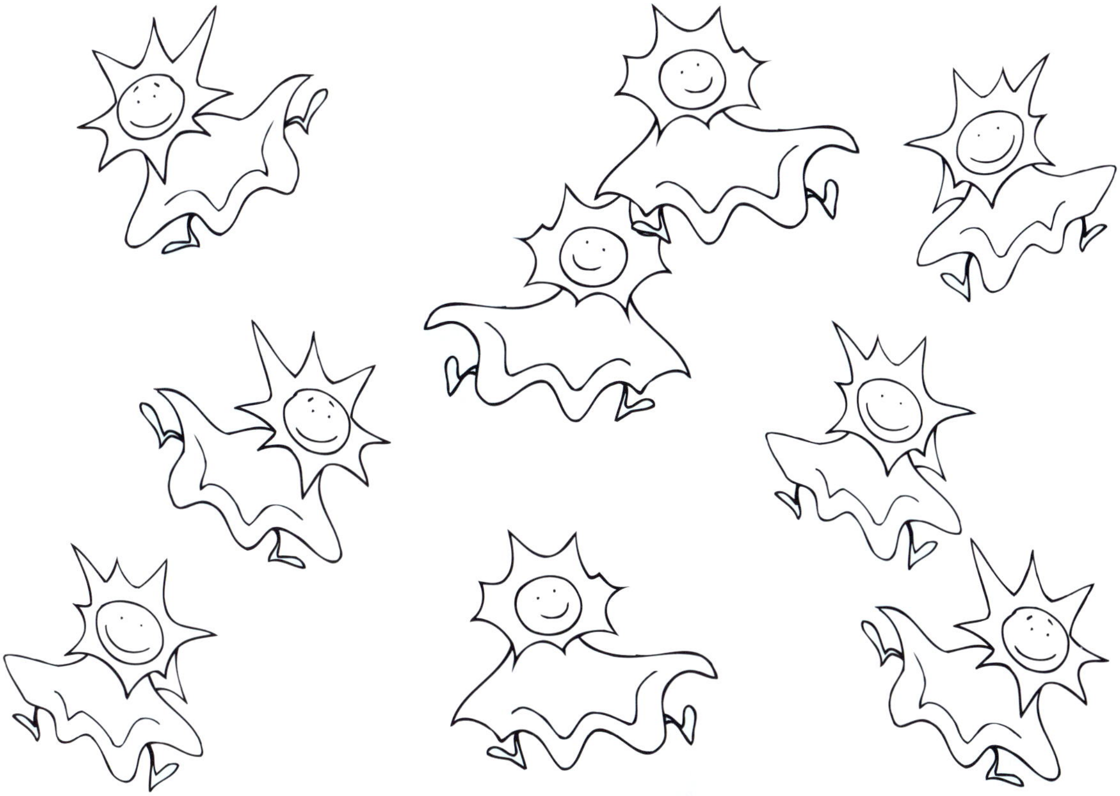

3. Schneeflöckchen, du deckst uns
die Blümelein zu,
dann schlafen sie sicher
in himmlischer Ruh.

4. Schneeflöckchen, Weißröckchen,
komm zu uns ins Tal,
dann bau'n wir'n Schneemann
und werfen den Ball.

Für die Kleinsten

Hier finden die Kleinsten alles, was ihnen Freude macht. Sie können nach Herzenslust singen, bunte Geschichten erzählen und kleine Tanzspiele mitgestalten. Viele abenteuerliche Geschichten gibt es zu berichten, so von Hänschen klein, der als großer Hans zurückkommt und den nur eine Frau wiedererkennt – seine Mutter. Hänsel und Gretel müssen im Hexenhäuschen mit der bösen Hexe fertig werden, und der liebe Augustin ist ein Pechvogel, der irgendwie nicht mit seinem Leben zurechtkommt.

Immer wieder laden die Lieder in diesem Kapitel zum Mitspielen ein: die Entchen, die das Köpfchen ins Wasser stecken, der Reiter, der – hoppe, hoppe – durch die Gegend stolpert, und schließlich der Taler, der von der einen Hand zur andern wandert.

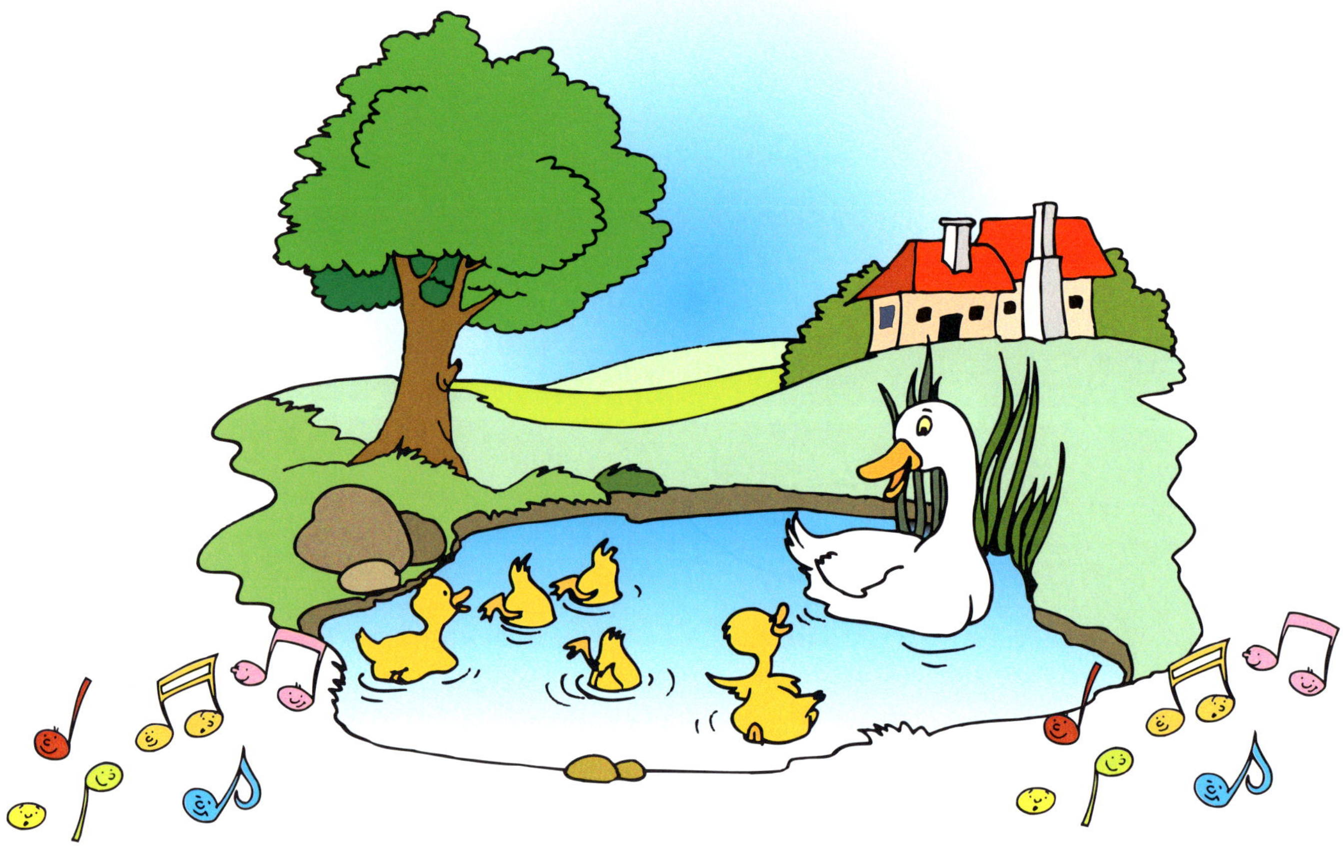

Alle meine Entchen

Volkslied

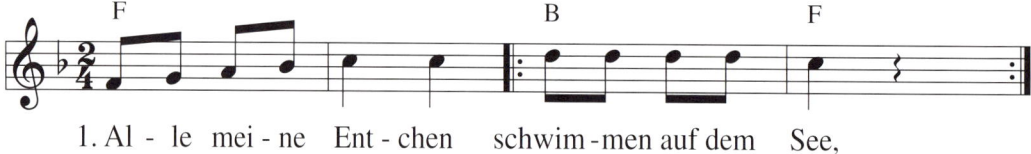

1. Al - le mei - ne Ent - chen schwim - men auf dem See,

Köpf - chen in das Was - ser, Schwänz - chen in die Höh'.

2. Alle meine Täubchen
|: gurren auf dem Dach, :|
fliegt eins in die Lüfte,
fliegen alle nach.

3. Alle meine Hühner
|: scharren in dem Stroh, :|
finden sie ein Körnchen,
sind sie alle froh.

4. Alle meine Gänschen
|: watscheln durch den Grund, :|
suchen in dem Tümpel,
werden kugelrund.

Volkslied

Backe, backe Kuchen

Ba - cke, ba - cke Ku - chen, der Bä - cker hat ge - ru - fen!

Wer will gu - ten Ku - chen ba - cken, der muss ha - ben sie - ben Sa - chen:

Ei - er und Schmalz, But - ter und Salz, Milch und Mehl,

Sa - fran macht den Ku - chen gehl: Schieb, schieb in' O - fen 'nein!

Volkslied

Brüderchen, komm tanz mit mir

Brü - der - chen, komm tanz mit mir, bei - de Hän - de reich' ich dir.

Refrain

Ein - mal hin, ein - mal her, rund - he - rum, das ist nicht schwer.

Ende

Tanz

Nochmals vom Zeichen ℅ bis Ende

1. Mit den Händ-chen klapp klapp klapp, mit den Füß-chen tapp tapp tapp.

Brüderchen, komm tanz mit mir,
beide Hände reich' ich dir.
Einmal hin, einmal her,
rundherum, das ist nicht schwer!

2. Mit dem Köpfchen
nick nick nick,
mit dem Fingerchen
tick tick tick,
(Refrain)

Volkslied

Hänschen klein

1. Häns-chen klein ging al-lein in die wei-te Welt hi-nein.

Stock und Hut steht ihm gut, ist gar wohl-ge-mut.

A-ber Mut-ter wei-net sehr, hat ja nun kein Häns-chen mehr.

Da be-sinnt sich das Kind, läuft nach Haus ge-schwind.

2. Sieben Jahr trüb und klar Hänschen in der Fremde war.
Da besinnt sich das Kind, eilt nach Haus geschwind.
Doch nun ist's kein Hänschen mehr. Nein, ein großer Hans ist er.
Braun gebrannt Stirn und Hand. Wird er wohl erkannt?

3. Eins, zwei, drei geh'n vorbei, wissen nicht, wer das wohl sei.
Schwester spricht: »Welch Gesicht?« Kennt den Bruder nicht.
Kommt daher die Mutter sein, schaut ihm kaum ins Aug hinein,
ruft sie schon: »Hans, mein Sohn! Grüß dich Gott, mein Sohn!«

65

Volkslied

Hänsel und Gretel

1. Hän - sel und Gre - tel ver - irr - ten sich im Wald.
Es war so fins - ter und auch so bit - ter kalt. Sie

ka - men an ein Häus - chen von Pfef - fer - ku - chen fein.

Wer mag der Herr wohl von die - sem Häus - chen sein?

2. Hu, hu, da schaut eine alte Hexe raus!
Sie lockt die Kinder ins Pfefferkuchenhaus.
Sie stellte sich gar freundlich, o Hänsel, welche Not!
Ihn wollt' sie braten im Ofen braun wie Brot.

3. Doch als die Hexe zum Ofen schaut hinein,
ward sie gestoßen von unserm Gretelein.
Die Hexe musste braten, die Kinder geh'n nach Haus.
Nun ist das Märchen von Hans und Gretel aus.

Volkslied

Häschen in der Grube

1. Häs - chen in der Gru - be saß und schlief.

Ar - mes Häs - chen, bist du krank, dass du nicht mehr hüp - fen kannst?

Häs - chen hüpf, Häs - chen hüpf, Häs - chen hüpf!

2. Häschen, vor dem Hunde |: hüte dich! :|
Er hat einen scharfen Zahn,
packt damit das Häschen an.
Häschen lauf, Häschen lauf,
Häschen lauf!

Volkslied

Hoppe, hoppe Reiter

Hop - pe, hop - pe   Rei -   ter.   Wenn er fällt, dann schreit   er.
Fällt er   in den   Gra -   ben,   fres - sen ihn die   Ra -   ben.

Fällt er   in   den   Sumpf,   macht der Rei - ter plumps.

Text und Musik aus Österreich

O du lieber Augustin

Refrain

1. O du lie - ber Au - gus - tin, Au - gus - tin, Au - gus - tin,

o du lie - ber Au - gus - tin, al - les ist hin!

Strophe

Geld ist weg, Mäd'l ist weg, al - les weg, al - les weg.

O du lie - ber Au - gus - tin, al - les ist hin!

(Refrain)
2. Rock ist weg, Stock ist weg,
Augustin liegt im Dreck.
O du lieber Augustin,
alles ist hin!

(Refrain)
3. Und selbst das reiche Wien,
hin ist's wie Augustin.
Weint mit mir im gleichen Sinn,
alles ist hin!

(Refrain)
4. Jeder Tag war ein Fest,
jetzt haben wir die Pest!
Nur ein großes Leichenfest,
das ist der Rest.

(Refrain)
5. Augustin, Augustin,
leg' nur ins Grab dich hin!
O du lieber Augustin,
alles ist hin!

Volkslied

Taler, Taler, du musst wandern

1. Ta - ler, Ta - ler, du musst wan - dern, von der ei - nen Hand zur an - dern.

Das ist hübsch, das ist schön, Ta - ler lass dich nur nicht seh'n!

2. Ringlein, Ringlein, du musst wandern,
von der einen Hand zur andern.
Das ist hübsch, das ist schön,
Ringlein lass dich nur nicht seh'n!

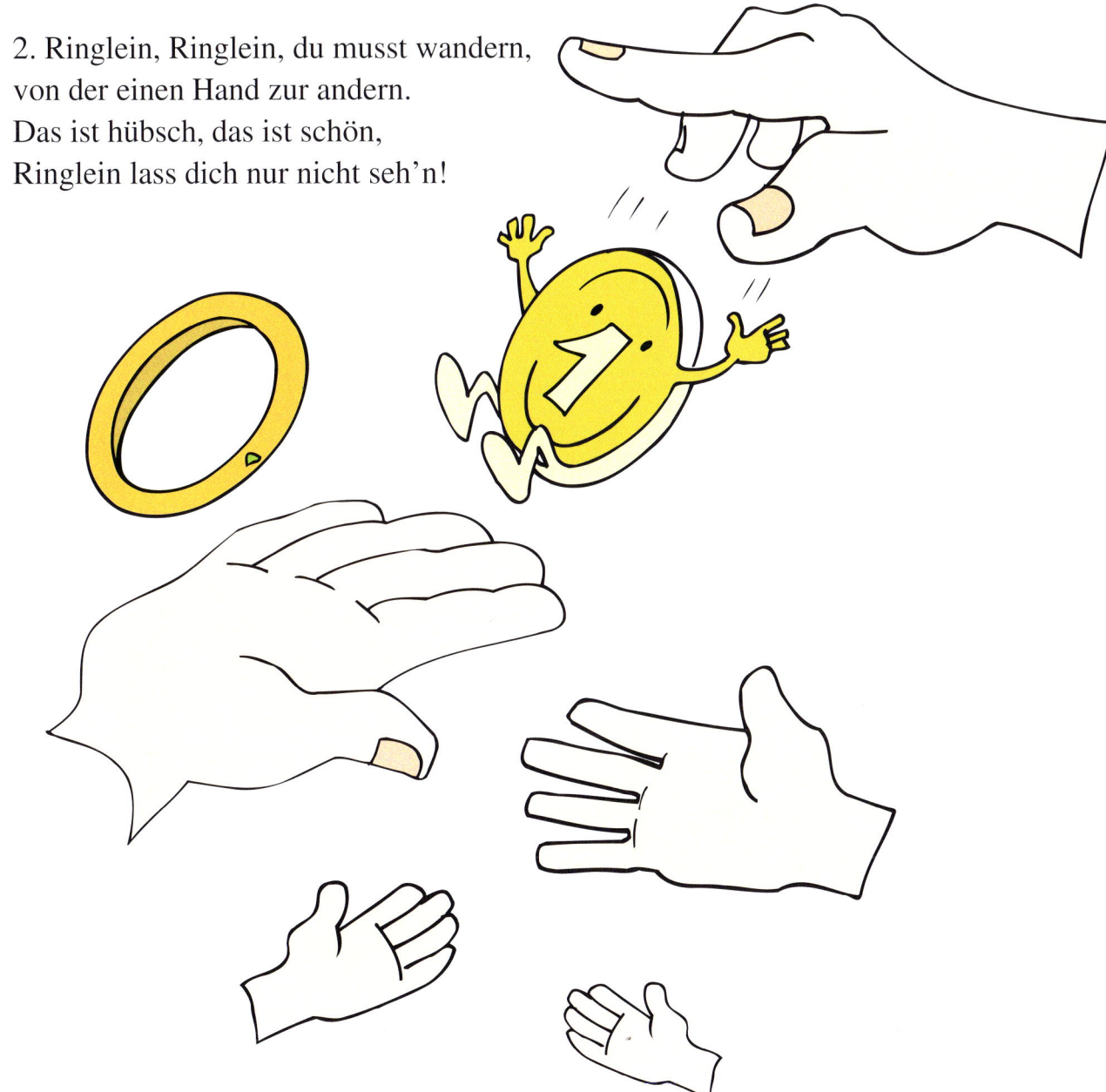

Volkslied

Zeigt her eure Füße

Refrain
Zeigt her eu - re Fü - ße, zeigt her eu - re Schuh,

und se - het den flei - ßi - gen Wasch - frau - en zu!

Strophe
1. Sie wa - schen, sie wa - schen, sie wa - schen den gan - zen Tag.

Sie wa - schen, sie wa - schen, sie wa - schen den gan - zen Tag.

(Refrain)
2. |: Sie winden, sie winden,
sie winden den ganzen Tag. :|

(Refrain)
3. |: Sie hängen, sie hängen,
sie hängen den ganzen Tag. :|

(Refrain)
4. |: Sie legen, sie legen,
sie legen den ganzen Tag. :|

(Refrain)
5. |: Sie rollen, sie rollen,
sie rollen den ganzen Tag. :|

(Refrain)
6. |: Sie bügeln, sie bügeln,
sie bügeln den ganzen Tag. :|

(Refrain)
7. |: Sie klatschen, sie klatschen,
sie klatschen den ganzen Tag. :|

(Refrain)
8. |: Sie ruhen, sie ruhen,
sie ruhen den ganzen Tag. :|

(Refrain)
9. |: Sie tanzen, sie tanzen,
sie tanzen den ganzen Tag. :|

Tiere und lustige Gestalten

Hier wimmelt es von Tieren und allerlei merkwürdigen Gestalten. Die Vögel werden begrüßt, der Kuckuck sitzt auf dem Baum und ruft, und dann gibt es die große Vogelhochzeit mit vielen, vielen Gästen. Immer wieder geht es um unsere gefiederten Freunde: Ein Vogel kommt geflogen und bringt einen Brief, und die kleine Maus träumt davon, ein Vogel zu sein – denn dann könnte sie fliegen. Aber auch kleine Räuber treten auf: Der Fuchs, der die Gans gestohlen hat, muss aufpassen, denn der Jäger hat ein Schießgewehr!

Neben den Tieren trifft man lustige Gestalten: das Männlein im Walde in seinem purpurroten Mäntelein, oder den Bi-Ba-Butzemann, der im Haus herumtanzt. Ganz merkwürdig geht es zu im Schnützelputz-Häusel, und dann gibt es noch das Bienchen, das herumsummt, und, und, und …

Text: Heinrich Hoffmann von Fallersleben
Musik: Volkslied

Alle Vögel sind schon da

1. Al - le Vö - gel sind schon da, al - le Vö - gel, al - le!

Welch ein Sin - gen, Mu - si - ziern, Pfei - fen, Zwit - schern, Ti - ri - liern!

Früh - ling will nun ein - mar - schiern, kommt mit Sang und Schal - le.

2. Wie sie alle lustig sind,
flink und froh sich regen!
Amsel, Drossel, Fink und Star
und die ganze Vogelschar
wünschen dir ein frohes Jahr,
lauter Heil und Segen!

3. Was sie uns verkünden nun,
nehmen wir zu Herzen:
Wir auch wollen lustig sein,
lustig wie die Vögelein,
hier und dort, Feld aus, Feld ein,
singen, springen, scherzen!

Volkslied aus dem Bergischen Land

Auf einem Baum ein Kuckuck saß

1. Auf ei - nem Baum ein Ku - ckuck, sim - sa - la - bim, bam - ba, sa - la -
du, sa - la - dim, auf ei - nem Baum ein Ku - ckuck saß.

2. Da kam ein junger Jägers-…
Simsalabim, bamba, saladu, saladim.
Da kam ein junger Jägersmann.

3. Der schoß den armen Kuckuck …
Simsalabim, bamba, saladu, saladim.
Der schoß den armen Kuckuck tot.

4. Und als ein Jahr vergangen …
Simsalabim, bamba, saladu, saladim.
Und als ein Jahr vergangen war.

5. Da war der Kuckuck wieder …
Simsalabim, bamba, saladu, saladim.
Da war der Kuckuck wieder da.

Volkslied

Auf der Mauer, auf der Lauer

1. Auf der Mau - er, auf der Lau - er, sitzt 'ne klei - ne Wan - ze,

auf der Mau - er, auf der Lau - er, sitzt 'ne klei - ne Wan - ze.

Sieh dir mal die Wan - ze an, wie die Wan - ze tan - ze kann.

Auf der Mau - er, auf der Lau - er, sitzt 'ne klei - ne Wan - ze.

2. Auf der Mauer, auf der Lauer,
sitzt 'ne kleine Wanz-,
auf der Mauer, auf der Lauer,
sitzt 'ne kleine Wanz-.
Sieh dir mal die Wanz- an,
wie die Wanz- tanz- kann.
Auf der Mauer, auf der Lauer,
sitzt 'ne kleine Wanz-.

3. Auf der Mauer, auf der Lauer, sitzt 'ne kleine Wan--,
auf der Mauer, auf der Lauer, sitzt 'ne kleine Wan--.
Sieh dir mal die Wan-- an, wie die Wan-- tan-- kann.
Auf der Mauer, auf der Lauer, sitzt 'ne kleine Wan--.

4. Auf der Mauer, auf der Lauer, sitzt 'ne kleine Wa---,
auf der Mauer, auf der Lauer, sitzt 'ne kleine Wa---.
Sieh dir mal die Wa--- an, wie die Wa--- ta--- kann.
Auf der Mauer, auf der Lauer, sitzt 'ne kleine Wa---.

5. Auf der Mauer, auf der Lauer, sitzt 'ne kleine W----,
auf der Mauer, auf der Lauer, sitzt 'ne kleine W----.
Sieh dir mal die W---- an, wie die W---- t---- kann.
Auf der Mauer, auf der Lauer, sitzt 'ne kleine W----.

6. Auf der Mauer, auf der Lauer, sitzt 'ne kleine –,
auf der Mauer, auf der Lauer, sitzt 'ne kleine –.
Sieh dir mal die – an, wie die – – kann.
Auf der Mauer, auf der Lauer, sitzt 'ne kleine –.

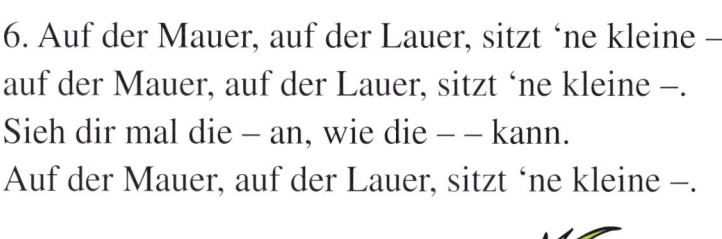

Text: Heinrich Hoffmann von Fallersleben
Musik: Volkslied vom Niederrhein

Ein Männlein steht im Walde

1. Ein Männ - lein steht im Wal - de ganz still und stumm.

Es hat von lau - ter Pur - pur ein Mänt - lein um.

Sagt, wer mag das Männ - lein sein, das da steht im Wald al - lein,

mit dem pur - pur - ro - ten Män - te - lein.

2. Das Männlein steht im Walde auf einem Bein,
und hat auf seinem Haupte schwarz Käpplein klein.
Sagt, wer mag das Männlein sein,
das da steht im Wald allein,
mit dem kleinen schwarzen Käppelein.

Volkslied

Ein Vogel wollte Hochzeit machen

| G | D | G | D |

1. Ein Vo - gel woll - te Hoch - zeit ma-chen in dem grü - nen Wal - de.

| G | D | G D G |

Fi - de - ra - la - la, fi - de - ra - la - la, f i - de - ra - la - la - la - la!

2. Die Drossel war der Bräutigam,
die Amsel war die Braute.
Fideralala, fideralala, fideralalalala!

3. Die Lerche, die Lerche,
die führt die Braut zur Kerche.
Fideralala, fideralala, fideralalalala!

4. Der Auerhahn, der Auerhahn,
der war der Küster und Kaplan.
Fideralala, fideralala, fideralalalala!

5. Die Meise, die Meise,
die sang das Kyrieleise.
Fideralala, fideralala, fideralalalala!

6. Die Gänse, die Anten,
das war'n die Musikanten.
Fideralala, fideralala, fideralalalala!

7. Der Pfau mit seinem
bunten Schwanz
macht mit der Braut den ersten Tanz.
Fideralala, fideralala, fideralalalala!

8. Brautmutter war die Eule,
nahm Abschied mit Geheule.
Fideralala, fideralala, fideralalalala!

9. Die Puten, die Puten,
die machten breite Schnuten.
Fideralala, fideralala, fideralalalala!

10. Das Finkelein, das Finkelein,
das führt das Paar ins Kämmerlein.
Fideralala, fideralala, fideralalalala!

11. Der Uhuhu, der Uhuhu,
der macht die Fensterläden zu.
Fideralala, fideralala, fideralalalala!

12. Der Hahn, der krähet:
»Gute Nacht!«
Dann wird die Kammer zugemacht.
Fideralala, fideralala, fideralalalala!

13. Nun ist die Vogelhochzeit aus,
und alle ziehn vergnügt nach Haus.
Fideralala, fideralala, fideralalalala!

Text: nach »Des Knaben Wunderhorn«
Musik: Volkslied aus Thüringen

Es tanzt ein Bi-Ba-Butzemann

1. Es tanzt ein Bi - Ba - But - ze - mann in un - serm Haus he - rum, wi - de - bum.

Es tanzt ein Bi - Ba - But - ze - mann in un - serm Haus he - rum.

Er rüt - telt sich, er schüt - telt sich, er wirft sein Säck - lein hinter sich.

Es tanzt ein Bi - Ba - But - ze - mann in un - serm Haus he - rum.

2. Es tanzt ein Bi-Ba-Butzemann
in unserm Haus herum, widebum.
Er springt und wirbelt
durch das Haus
und lacht dabei die Kinder aus.
Es tanzt ein Bi-Ba-Butzemann
in unserm Haus herum.

3. Es tanzt ein Bi-Ba-Butzemann
in unserm Haus herum, widebum.
Bald ist er hier, bald ist er dort,
und plötzlich ist er
wieder fort.
Es tanzt ein Bi-Ba-Butzemann
in unserm Haus herum.

Text: Ernst Anschütz
Musik: Volkslied

Fuchs, du hast die Gans gestohlen

1. Fuchs, du hast die Gans ge - stoh - len, gib sie wie - der her;

sonst wird dich der Jä - ger ho - len mit dem Schieß - ge - wehr,

sonst wird dich der Jä - ger ho - len mit dem Schieß - ge - wehr.

2. Seine große lange Flinte
schießt auf dich das Schrot,
schießt auf dich das Schrot,
dass dich färbt die rote Tinte,
und dann bist du tot;
dass dich färbt die rote Tinte,
und dann bist du tot.

3. Liebes Füchslein, lass dir raten,
sei doch nur kein Dieb,
sei doch nur kein Dieb;
nimm, statt mit dem Gänse-
braten, mit der Maus vorlieb,
nimm, statt mit dem Gänse-
braten, mit der Maus vorlieb.

Volkslied

Kommt ein Vogel geflogen

1. Kommt ein Vo - gel ge - flo - gen, setzt sich nie - der auf mein Fuß, hat ein' Zet - tel im Schna-bel, von der Mut - ter ein' Gruß.

2. Lieber Vogel, fliege weiter!
nimm ein' Gruß mit und ein' Kuss,
denn ich kann dich nicht begleiten
weil ich hier bleiben muss.

Text: Heinrich Hoffmann von Fallersleben
Musik: Volkslied aus Österreich

Kuckuck! Kuckuck!

1. Ku - ckuck, Ku - ckuck, ruft's aus dem Wald.
Las - set uns sin - gen, tan - zen und sprin - gen!
Früh - ling, Früh - ling, wird es nun bald.

2. Kuckuck, Kuckuck
lässt nicht sein Schrei'n:
»Komm in die Felder,
Wiesen und Wälder!
Frühling, Frühling,
stelle dich ein!«

3. Kuckuck, Kuckuck,
trefflicher Held!
Was du gesungen,
ist dir gelungen:
Winter, Winter
räumet das Feld!

Text: Volksgut
Musik: Johann Friedrich Reichardt

So geht es im Schnützelputz-Häusel

So geht es im Schnüt-zel-putz-Häu - sel: da bel-len die Schne-cken im Häu - sel.
Da sin-gen und tan-zen die Mäu - sel,

1. Im Schnüt-zel-putz-Häu-sel, da geht es sehr toll, Pan - tof - feln un - ter dem Bet - te.
da sau - fen die Ti-sche und Bän-ke sich voll,

(Refrain)
2. Der Tisch lag im Bette
und stöhnte so lang,
da heulte der Sessel,
da weinte die Bank,
ganz jämmerlich
taten sie klagen.

(Refrain)
3. Da rannte der Kessel
ins Hühnerhaus,
der Ofen, der lief
zur Stube hinaus,
'ne spanische Mücke
zu fangen.

(Refrain)
4. Da saßen zwei Ochsen
im Storchennest,
die hatten einander
gar lieblich getröst'
und wollten die Eier
ausbrüten.

(Refrain)
5. Es zogen zwei Störche
wohl auf die Wacht,
die hatten die Sache
gar wohl bedacht
mit ihren großmächtigen
Spießen.

(Refrain)
6. Ich wüsste der Dinge
noch mehr zu sag'n,
die sich im Schnützelputz-
Häusel zutrag'n,
gar lustig wohl
über die Maßen.

Text: Heinrich Hoffmann von Fallersleben
Musik: Volkslied

Summ, summ, summ

1. Summ, summ, summ, Bien-chen summ he - rum!
Ei, wir tun dir nichts zu - lei - de, flieg nur aus in Wald und Hei - de!
Summ, summ, summ, Bien-chen summ he - rum!

2. Summ, summ, summ,
Bienchen summ herum!
Such in Blumen, such in Blümchen,
dir ein Tröpfchen, dir ein Krümchen!
Summ, summ, summ,
Bienchen summ herum!

3. Summ, summ, summ,
Bienchen summ herum!
Kehre heim mit reicher Habe,
bau uns manche volle Wabe!
Summ, summ, summ,
Bienchen summ herum!

Text: nach »Des Knaben Wunderhorn«
Musik: Volkslied

Suse, liebe Suse, was raschelt im Stroh

1. Su - se, lie - be Su - se, was ra - schelt im Stroh? Die Gäns-lein ge-hen
bar - fuß und hab'n kei - ne Schuh'. Der Schus-ter hat's Le - der, kein'
Leis - ten da - zu, drum kann er dem Gäns-chen auch ma-chen kein Schuh'.

2. Eia popeia, schlags Kükelchen tot!
Es legt mir keine Eier und frisst mir mein Brot.
Da rupfen wir ihm dann die Federchen aus
und machen dem Kindlein ein Bettelein d'raus.

3. Eia popeia, das ist eine Not!
Wer schenkt mir einen Heller zu Zucker und Brot?
Verkauf ich mein Bettlein und leg mich aufs Stroh,
dann sticht mich keine Feder und beisst mich kein Floh.

Text und Musik: Wilhelm Bender

Unsre Katz heißt Mohrle

1. Uns - re Katz heißt Mohr - le, hat ein schwar-zes Fell. Und
   hat ein schwar-zes Ohr - le.

wenn es was zu schle-cken gibt, dann ist sie gleich zur Stell.

2. Unsre Katz heißt Mohrle,
hat ein schwarzes Ohrle,
Augen, die sind grün.
Und abends, wenn es dunkel wird,
dann fangen sie an zu glühn.

3. Unsre Katz heißt Mohrle,
hat ein schwarzes Ohrle,
Pfötchen, die sind weich.
Und wenn das Kind im Schlafe liegt,
dann schnurrt sie durch ihr Reich.

Volkslied

Wenn ich ein Vöglein wär

1. Wenn ich ein Vög-lein wär und auch zwei Flüg-lein hätt, flög ich zu dir.

Weil's a-ber nicht kann sein, weil's a-ber nicht kann sein, bleib ich all hier.

2. Bin ich gleich weit von dir,
bin ich im Schlaf bei dir
und red mit dir.
Wenn ich erwachen tu,
wenn ich erwachen tu,
bin ich allein.

3. Keine Stund' in der Nacht,
da nicht mein Herz erwacht
und an dich denkt,
dass du vieltausendmal,
dass du vieltausendmal
mir dein Herz geschenkt.

Bunte Geschichten

Hier geht um lustige Geschichten aus aller Herren Länder,
zum Singen und Mitmachen. Die schwäbsche Eisenbahn fährt
von Haltstation zu Haltstation (bitte immer mitsingen!), und
dre Chenesen spelen met dem Kentrebass (wem das chine-
sisch vorkommt, der sollte gleich zum Lied weiterblättern!).
Wir erfahren, dass die Tiroler lustig sind, und was es mit
den alten Weibern und Männern hinten auf dem Wagen
auf sich hat. Die Oma braust mit dem Motorrad durch den
Hühnerstall – da sind die fleißigen Handwerker nicht weit,
die alles wieder aufbauen. Dass das Leben
schön ist und dass man Glück gebrau-
chen kann, das verkünden die Lieder
»Viel Glück« und »Froh zu sein«.
Und dass nicht immer alles gut aus-
geht, zeigt uns die Geschichte von
den beiden Königskindern. Die ist
zwar traurig – aber wunderschön.

Volkslied

Auf der schwäbsche Eisebahne

1. Auf der schwäb-sche Ei - se - bah - ne gibts gar vie - le Halt-sta - ti - one,

Schtue-gert, Ulm und Bi - be-rach, Me-cke - beu-re, Dur-les - bach.

G Refrain
Rul - la, rul - la, rul - la - la, rul - la rul - la rul - la - la,

Schtue-gert, Ulm und Bi - be-rach, Me-cke - beu-re, Dur-les - bach.

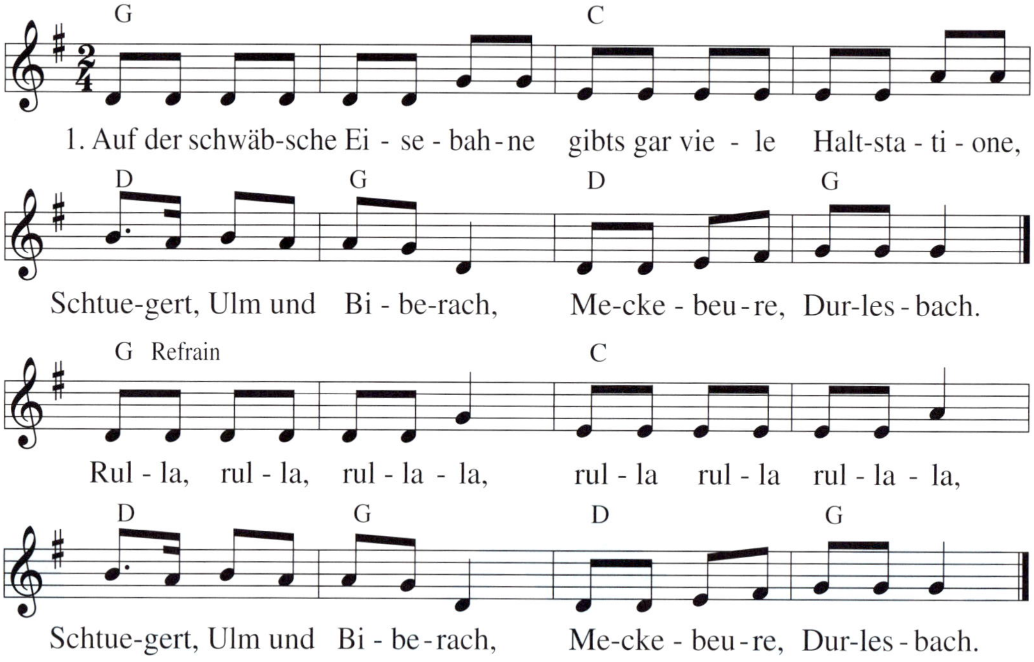

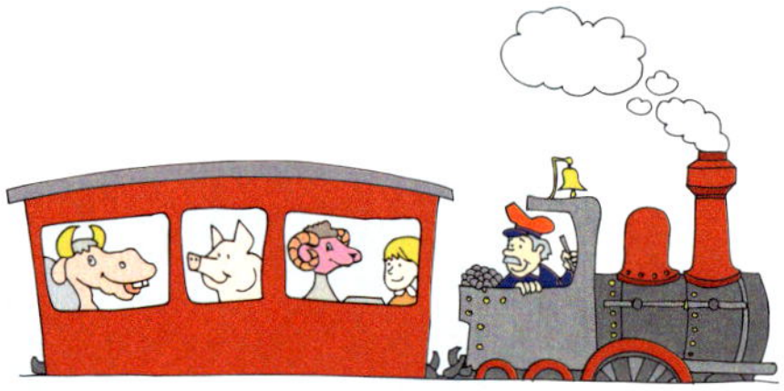

2. Auf der schwäbsche Eisebahne
könne Kuh und Ochse fahre,
d'Studente fahret erster Klass,
s'mache des halt nur zum Spaß.
(Refrain)

3. Auf der schwäbsche Eisebahne
wollt amal a Bäurle fahre,
geht am Schalter, lüpft de Hut.
»Oi Bilettle, seid so gut!«
(Refrain)

4. Einen Bock hat er gekaufet,
und dass der ihm nicht verlaufet,
bindet ihn der guade Ma'
an de hintre Wage na.
(Refrain)

5. Wenn a Pfiffle tuat erklinge,
denn glei alle zamme springe,
alles was a Kärtle hat,
möcht jetzt mit dem Bahnzug fort.
(Refrain)

6. Wia der Zug na wieda sta't,
der Bauer nach sei'm Böckle schaut,
find't er bloß no Kopf und Seil
an de hintre Wageteil.
(Refrain)

7. So, des Liadle war no g'sunge,
hat's euch recht in d'Ohre klunge,
stoßet mit de Gläser an
auf's Wohl der schwäbsche Eisebahn!
(Refrain)

Volkslied

C-A-F-F-E-E, trink nicht zuviel Caffee

Kanon zu drei Stimmen

C - A - F - F - E - E,   trink nicht   zu - viel   Caf - fee!

Nichts für Kin-der ist der   Tür - ken - trank, schwächt die Ner-ven, macht dich

blass   und   krank. Sei doch kein   Mu - sel - mann, der das nicht   las - sen kann.

Text: Wilhelm Müller
Musik: Carl Friedrich Zöllner

Das Wandern ist des Müllers Lust

1. Das Wan-dern ist des Mül-lers Lust, das Wan-dern ist des Mül-lers Lust, das Wan - dern. Das muss ein schlech-ter Mül-ler sein, dem nie-mals fiel das Wan-dern ein, dem nie-mals fiel das Wan-dern ein, das Wan - dern.

2. |: Vom Wasser haben wir's gelernt, :| vom Wasser:
Das hat nicht Ruh' bei Tag und Nacht,
|: ist stets auf Wanderschaft bedacht, :| das Wasser.

3. |: Das sehn wir auch den Rädern an, :| den Rädern:
Die gar nicht gerne stille stehn,
|: die sich bei Tag nicht müde drehn, :| die Räder.

4. |: Die Steine selbst so schwer sie sind, :| die Steine:
Sie tanzen mit den muntern Reihn
|: und wollen gar noch schneller sein, :| die Steine.

5. |: O Wandern, Wandern, meine Lust, :| o Wandern.
Herr Meister und Frau Meisterin,
|: lasst mich in Frieden weiterziehn :| und wandern!

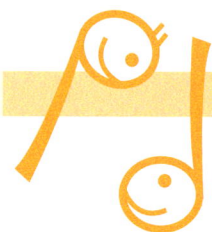

Volkslied aus Österreich

Die Tiroler sind lustig

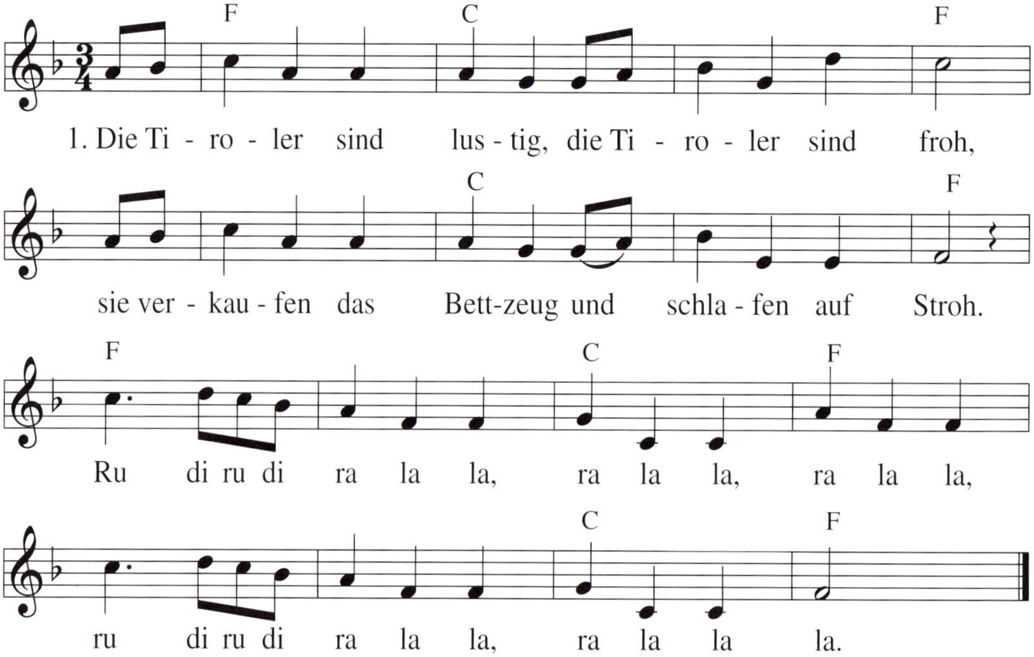
F C F
1. Die Ti - ro - ler sind lus - tig, die Ti - ro - ler sind froh,
C F
sie ver - kau - fen das Bett-zeug und schla - fen auf Stroh.
F C F
Ru di ru di ra la la, ra la la, ra la la,
C F
ru di ru di ra la la, ra la la la.

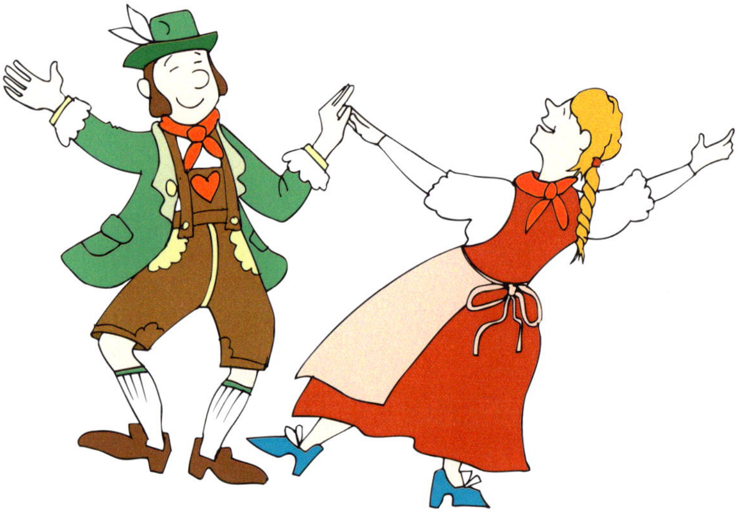

2. Die Tiroler sind lustig,
die Tiroler sind froh,
sie nehmen ein Weibchen
und tanzen dazu.
(Refrain)

3. Erst dreht sich das Weibchen,
dann dreht sich der Mann,
dann tanzen sie beide
und fassen sich an.
(Refrain)

Volkslied

Drei Chinesen mit dem Kontrabass

1. Drei Chinesen mit dem Kontrabass saßen auf der Straße und erzählten sich was. Da kam die Polizei und fragt: »Was ist denn das?« »Drei Chinesen mit dem Kontrabass.«

2. Dra Chanasan mat dam Kantrabass
saßan af dar Straßa and arzahltan sach was.
Da kam da Palaza and fragt:
»Was ast dann das?«
»Dra Chanasan mat dam Kantrabass.«

3. Dre Chenesen met dem Kentrebess …
4. Dri Chinisin mit dim Kintribiss …
5. Dro Chonoson mot dom Kontroboss …
6. Dru Chunusun mut dum Kuntrubuss …

118

Volkslied

Ein Jäger aus Kurpfalz

1. Ein Jä - ger aus Kur-pfalz, der rei-tet durch den grü-nen Wald und schießt das Wild da - her, gleich wie es ihm ge - fällt. Hei - di, hei - da, gar lus - tig ist die Jä - ge - rei all - hier auf grü - ner Heid', all - hier auf grü - ner Heid'!

2. Auf! Sattelt mir mein Pferd
und legt darauf
den Mantelsack,
so reit' ich hin und her
als Jäger aus Kurpfalz.
(Refrain)

3. Hubertus auf der Jagd,
der schoß ein'n Hirsch
und einen Has',
er traf ein Mägdlein an,
und das war achtzehn Jahr.
(Refrain)

4. Jetzt reit' ich nimmer heim,
bis dass der Kuckuck
»Kuckuck« schreit.
Er schreit die ganze Nacht
allhier auf grüner Heid'!
(Refrain)

Volkslied

Eine Seefahrt, die ist lustig

1. Ei - ne See-fahrt, die ist lus - tig, ei - ne See-fahrt, die ist schön, denn da kann man frem-de Län-der und auch frem-de Men-schen sehn. Hol - la - hi, hol-la-ho, hol-la - hi - a hi - a hi - a, hol-la - hi - a, hi - a - ho. Hol-la - hi, hol-la- ho, hol-la - hi - a hi - a hi - a, hol-la-ho.

2. Unser Käptn, dieser Dicke,
kaum drei Käse ist er groß,
auf der Brücke eine Schnauze,
wie 'ne Ankerklüse groß.
(Refrain)

3. In der einen Hand die Kanne,
in der andern Hand den Twist,
und dazu die große Schnauze,
fertig ist der Maschinist.
(Refrain)

4. Und man hat sich dann gewaschen,
und man denkt, nun bist du rein,
kommt so'n Bootsmannsmaat
der Wache:
»Wasch dich noch einmal
du Schwein!«
(Refrain)

5. Und im Heizraum bei 'ner Hitze
von fast über fünfzig Grad
muss der Stoker feste schwitzen,
und im Luftschacht sitzt der Maat.
(Refrain)

6. Und der Koch
in der Kombüse,
diese dicke volle Sau,
mit de Beene
ins Jemüse,
mit de Arme
in' Kakau.
(Refrain)

7. Mit der Flcischbank schwer beladen
schwankt der Seemann über Deck,
doch das Fleisch ist voller Maden,
läuft ihm schon von selber weg.
(Refrain)

8. Und die silberweißen Möwen,
die erfüllen ihren Zweck,
denn sie machen voll Vergnügen
auf das frischgewaschne Deck.
(Refrain)

Volkslied

Es waren zwei Königskinder

1. Es wa - ren zwei Kö - nigs - kin - der,

die hat - ten ei - nan - der so lieb,

sie konn - ten zu-sam - men nicht kom - men, das Was - ser war

viel zu tief, das Was - ser war viel zu tief.

2. »Ach Liebster, kannst du
nicht schwimmen?
So schwimme herüber zu mir!
Drei Kerzen will ich hier anzünden,
|: und die sollen leuchten dir.« :|

3. Das hört' eine falsche Norne,
die tat, als wenn sie schlief.
Sie tat die Lichter auslöschen,
|: der Jüngling ertrank so tief. :|

4. Es war an einem Sonntagmorgen,
die Leute war'n alle so froh,
bis auf die Königstochter,
|: sie weinte die Äuglein rot. :|

5. »Ach Mutter, liebste Mutter,
der Kopf tut mir so weh.
Ich möcht so gern spazieren
|: wohl an die grüne See.« :|

6. Die Mutter ging in die Kirche,
die Tochter hielt ihren Gang.
Sie ging so lang spazieren,
|: bis sie den Fischer fand. :|

7. »Ach Fischer, lieber Fischer,
willst du verdienen großen Lohn?
So wirf dein Netz ins Wasser,
|: und fisch mir den Königssohn!« :|

8. Der Fischer wohl fischte lange,
bis er den Toten fand:
»Nun sieh' da, du liebliche Jungfrau,
|: hast hier deinen Königssohn.« :|

9. Sie schloss ihn in ihre Arme
und küsst' seinen bleichen Mund:
»Ach Liebster, könntest du sprechen,
|: so wär' mein jung Herz gesund.« :|

10. Sie schwang um sich den Mantel
und sprang wohl in die See:
»Gut' Nacht, mein Vater,
meine Mutter,
|: ihr seht mich nimmermehr!« :|

11. Da hörte man Glockengeläute,
da hörte man Jammer und Not,
da lagen zwei Königskinder,
|: die waren beide tot. :|

Volkslied

Froh zu sein bedarf es wenig

Kanon zu vier Stimmen

Froh   zu sein be - darf es   we-nig,   und wer froh ist,   ist ein Kö - nig.

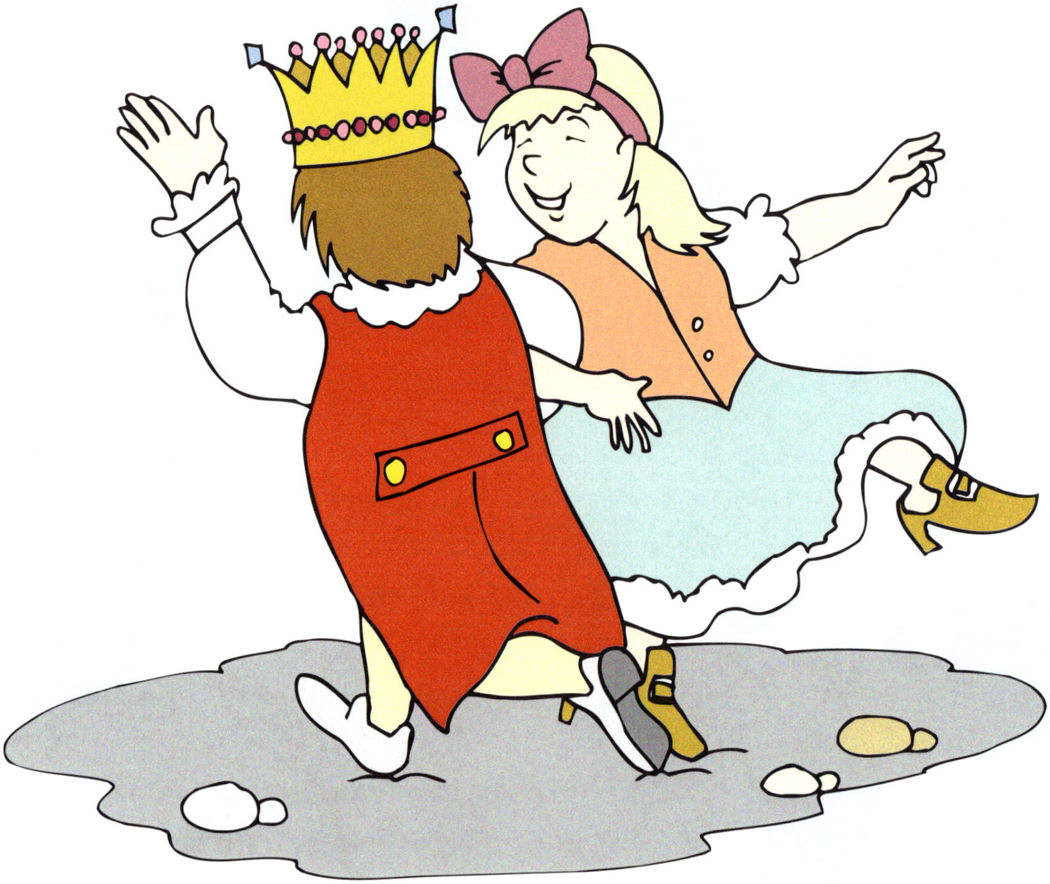

Volkslied aus Pommern

Grün, grün, grün sind alle meine Kleider

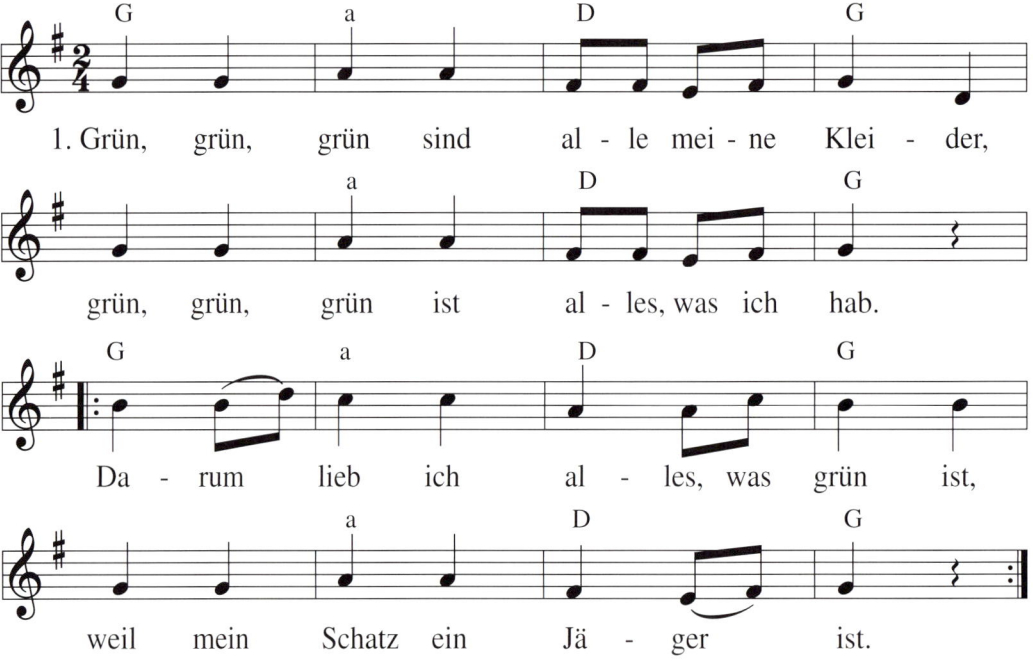

1. Grün, grün, grün sind alle meine Kleider,
grün, grün, grün ist alles, was ich hab.
Darum lieb ich alles, was grün ist,
weil mein Schatz ein Jäger ist.

2. Rot, rot, rot sind alle meine Kleider,
rot, rot, rot ist alles, was ich hab.
|: Darum lieb ich alles, was rot ist,
weil mein Schatz ein Reiter ist. :|

3. Blau, blau, blau sind alle meine Kleider,
blau, blau, blau ist alles, was ich hab.
|: Darum lieb ich alles, was blau ist,
weil mein Schatz ein Seemann ist. :|

4. Weiß, weiß, weiß sind alle meine Kleider,
weiß, weiß, weiß ist alles, was ich hab.
|: Darum lieb ich alles, was weiß ist,
weil mein Schatz ein Bäcker ist. :|

5. Schwarz, schwarz, schwarz sind alle meine Kleider,
schwarz, schwarz, schwarz ist alles, was ich hab.
|: Darum lieb ich alles, was schwarz ist,
weil mein Schatz ein Schornsteinfeger ist. :|

6. Bunt, bunt, bunt sind alle meine Kleider,
bunt, bunt, bunt ist alles, was ich hab.
|: Darum lieb ich alles, was bunt ist,
weil mein Schatz ein Maler ist. :|

Volkslied

Hab' mein Wage voll geladen

1. Hab' mein Wa - ge voll ge - la - den, voll mit al - ten Wei - bern.
Als wir in die Stadt n'ein-ka-men hub'n sie an zu kei - fen.

Drum lad ich all mein Le - be - ta - ge nie al - te Wei-ber auf mein

Wa - ge! Hüh, Schim-mel, hü - a hüh! Hüh, Schim-mel, hü!

2. Hab' mein Wage voll geladen,
voll mit alten Männern.
Als wir in die Stadt n'einkamen,
murrten sie und schalten.
Drum lad ich all mein Lebetage
nie alte Männer auf mein Wage!
Hüh, Schimmel, hüa hüh!
Hüh, Schimmel, hü!

3. Hab' mein Wage voll geladen,
voll mit jungen Mädchen.
Als wir zu dem Tor n'einkamen,
sangen sie durchs Städtchen.
Drum lad ich all mein Lebetage
stets nur junge Mädchen auf mein Wage.
Hüh, Schimmel, hüa hüh!
Hüh, Schimmel, hü!

Volkslied

Horch, was kommt von draußen rein

1. Horch, was kommt von drau-ßen rein, ho-la-hi, ho-la-ho, ho-la-hi-a - ho.
Wird wohl mein fein's Lieb-chen sein,

Geht vor-bei und schaut nicht rein, ho - la -hi, ho - la -ho,

wird's wohl nicht ge - we - sen sein, ho - la -hi - a - ho.

2. Leute haben's oft gesagt, ho-la-hi, ho-la-ho,
was ich ein fein's Liebchen hab', ho-la-hi-a-ho.
Lass sie reden, schweig fein still,
ho-la-hi, ho-la-ho.
Kann ja lieben, wen ich will, ho-la-hi-a-ho.

3. Sagt mir, Leute, ganz gewiss, ho-la-hi, ho-la-ho,
was das für ein Lieben ist, ho-la-hi-a-ho.
Die ich liebe, krieg ich nicht,
ho-la-hi, ho-la-ho,
und 'ne andre mag ich nicht, ho-la-hi-a-ho.

4. Wenn mein Liebchen Hochzeit hat, ho-la-hi, ho-la-ho,
ist für mich ein Trauertag, ho-la-hi-a-ho.
Geh' dann in mein Kämmerlein,
ho-la-hi, ho-la-ho.
Trag' den Schmerz für mich allein, ho-la-hi-a-ho.

5. Wenn ich dann gestorben bin, ho-la-hi, ho-la-ho,
trägt man mich zum Friedhof hin, ho-la-hi-a-ho.
Setzt mir keinen Leichenstein,
ho-la-hi, ho-la-ho,
pflanzt mir drauf Vergissnichtmein, ho-la-hi-a-ho.

Volkslied

Mein Hut, der hat drei Ecken

Mein Hut, der hat drei E - cken, drei

E - cken hat mein Hut, und hat er nicht drei E - cken,

dann ist es nicht mein Hut

Text: aus den Jugendgruppen
Musik: Volkslied

Unsre Oma fährt im Hühnerstall Motorrad

1. Uns-re O-ma fährt im Hüh-ner-stall Mo-tor-rad, Mo-tor-rad, Mo-tor-rad. Uns-re O-ma fährt im Hüh-ner-stall Mo-tor-rad, uns-re O-ma ist 'ne ganz mo-der-ne Frau.

2. Unsre Oma hat im hohlen Zahn ein Radio,
ein Radio, ein Radio.
Unsre Oma hat im hohlen Zahn ein Radio,
unsre Oma ist 'ne ganz moderne Frau.

3. Unsre Oma hat 'nen Nachttopf mit Beleuchtung,
mit Beleuchtung, mit Beleuchtung.
Unsre Oma hat 'nen Nachttopf mit Beleuchtung,
unsre Oma ist 'ne ganz moderne Frau.

4. Unsre Oma hat 'ne Glatze mit Geländer,
mit Geländer, mit Geländer.
Unsre Oma hat 'ne Glatze mit Geländer,
unsre Oma ist 'ne ganz moderne Frau.

5. Unsre Oma hat 'nen Petticoat aus Wellblech,
aus Wellblech, aus Wellblech.
Unsre Oma hat 'nen Petticoat aus Wellblech,
unsre Oma ist 'ne ganz moderne Frau.

6. Unsre Oma hat 'nen Krückstock mit 'nem Rücklicht,
mit 'nem Rücklicht, mit 'nem Rücklicht.
Unsre Oma hat 'nen Krückstock mit 'nem Rücklicht,
unsre Oma ist 'ne ganz moderne Frau.

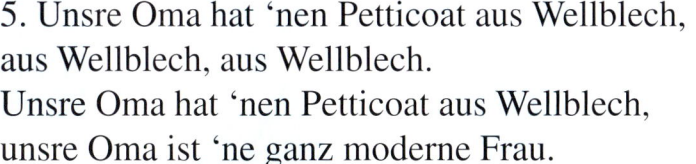

7. Unsre Oma hat Klosettpapier mit Blümchen,
mit Blümchen, mit Blümchen.
Unsre Oma hat Klosettpapier mit Blümchen,
unsre Oma ist 'ne ganz moderne Frau.

8. Unsre Oma hat 'ne Brille mit Gardine,
mit Gardine, mit Gardine.
Unsre Oma hat 'ne Brille mit Gardine,
unsre Oma ist 'ne ganz moderne Frau.

Text und Musik: Werner Gneist

Viel Glück und viel Segen

Kanon zu vier Stimmen

Viel Glück und viel Se - gen auf all dei - nen We - gen,

Ge - sund - heit und Froh - sinn sei auch mit da - bei.

Text: Joseph von Eichendorff
Musik: Friedrich Theodor Fröhlich

Wem Gott will rechte Gunst erweisen

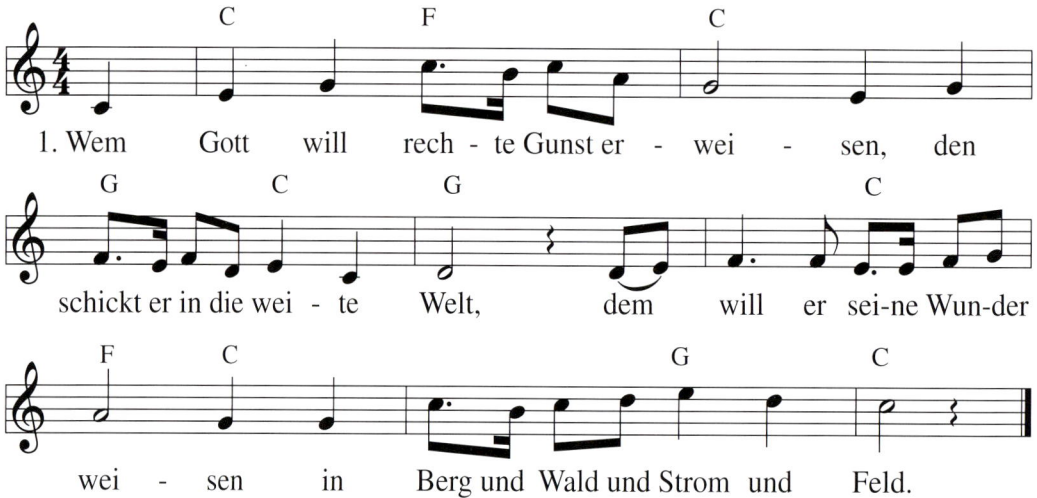

1. Wem Gott will rech - te Gunst er - wei - sen, den
schickt er in die wei - te Welt, dem will er sei-ne Wun-der
wei - sen in Berg und Wald und Strom und Feld.

2. Die Trägen, die zu Hause liegen,
erquicket nicht das Morgenrot.
Sie wissen nur von Kinderwiegen,
von Sorgen, Last und Not ums Brot.

3. Die Bächlein von den Bergen springen,
die Lerchen schwirren hoch vor Lust.
Was sollt ich nicht mit ihnen singen
aus voller Kehl und frischer Brust?

4. Den lieben Gott lass ich nur walten,
der Bächlein, Lerchen, Wald und Feld
und Erd und Himmel will erhalten,
hat auch mein' Sach' auf's Best bestellt.

Volkslied

Wer will fleißige Handwerker sehn

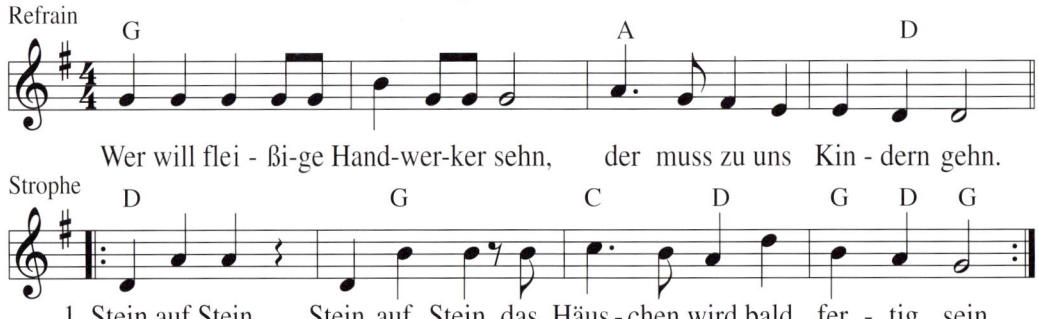

Refrain
Wer will flei - ßi-ge Hand-wer-ker sehn, der muss zu uns Kin - dern gehn.

Strophe
1. Stein auf Stein, Stein auf Stein, das Häus - chen wird bald fer - tig sein.

(Refrain)
2. |: O wie fein, o wie fein,
der Glaser setzt die Scheiben ein. :|

(Refrain)
3. |: Tauchet ein, tauchet ein,
der Maler streicht die Wände fein. :|

(Refrain)
4. |: Zisch, zisch, zisch,
zisch, zisch, zisch,
der Schreiner hobelt glatt den Tisch. :|

(Refrain)
5. |: Poch, poch, poch, poch, poch, poch,
der Schuster schustert zu das Loch. :|

(Refrain)
6. |: Stich, stich, stich,
stich, stich, stich,
der Schneider näht ein Kleid für mich. :|

(Refrain)
7. |: Tripp, trapp, drein,
tripp, trapp, drein,
jetzt gehn wir von der Arbeit heim. :|

(Refrain)
8. |: Rühre ein, rühre ein,
der Kuchen wird bald fertig sein. :|

(Refrain)
9. |: Hopp, hopp, hopp,
hopp, hopp, hopp,
jetzt tanzen alle im Gallopp. :|

Weihnachten

Die Tage werden immer kürzer, leise rieselt der Schnee auf die Felder, und der Tannenbaum mit seinen grünen Blättern steht schon festlich geschmückt im Wohnzimmer. Lange kann es nicht mehr dauern, denn schon brennt die vierte Kerze am Adventskranz: Die stille Nacht steht unmittelbar bevor, und morgen kommt der Weihnachtsmann. Alle Jahre wieder um diese Jahreszeit rufen die Eltern: »Morgen, Kinder, wird's was geben!« Und was das wohl sein wird, das hat über die Jahrhunderte alle Kinder in seinen Bann gezogen. Dann endlich ist es so weit, und »Süßer die Glocken nie klingen!« Endlich dürfen alle nachschauen, was Christkind und Weihnachtsmann in diesem Jahr an schönen Gaben den Kindern auf den Weihnachtstisch gelegt haben.

Text: Volksgut
Musik: Heinz-Ulf Hertel

Advent, Advent, ein Lichtlein brennt

1. Ad - vent, Ad - vent, ein Licht - lein brennt, Ad - vent, Ad -

vent, ein Licht - lein brennt. Erst eins, dann zwei, dann

drei, dann vier, dann steht das Christ - kind vor der Tür.

2. Der Schnee, der Schnee kommt von der Höh',
draußen im Wald der Tannenbaum
träumt schon seinen Weihnachtstraum.

3. Und huckepack mit seinem Sack
geht nun bald von Haus zu Haus
der gute alte Nikolaus.

Text: Wilhelm Hey
Musik: Friedrich Silcher

Alle Jahre wieder

1. Al - le Jah - re wie - der kommt das Chris-tus - kind
auf die Er - de nie - der, wo wir Men-schen sind.

2. Kehrt mit seinem Segen ein in jedes Haus,
geht auf allen Wegen mit uns ein und aus.

3. Steht auch mir zur Seite still und unerkannt,
dass es treu mich leite an der lieben Hand.

Nach dem Andernacher Gesangbuch

Es kommt ein Schiff, geladen

1. Es kommt ein Schiff, ge - la - den bis an den höchs-ten
Bord, trägt Got-tes Sohn voll Gna - den, des Va-ters e-wigs Wort.

2. Das Schiff geht still im Triebe,
trägt eine teure Last;
das Segel ist die Liebe,
der Heilig Geist der Mast.

3. Der Anker haft' auf Erden,
da ist das Schiff am Land.
Das Wort will Fleisch uns werden,
der Sohn ist uns gesandt.

4. Zu Bethlehem geboren
im Stall ein Kindelein,
gibt sich für uns verloren:
Gelobet muss es sein.

5. Und wer dies Kind mit Freuden
umfangen, küssen will,
muss vorher mit ihm leiden
groß' Pein und Marter viel.

6. Danach mit ihm auch sterben
und geistlich auferstehn,
das ewig Leben erben,
wie an ihm ist geschehn.

Text: Christoph von Schmid
Musik: Johann Abraham Peter Schulz

Ihr Kinderlein kommet

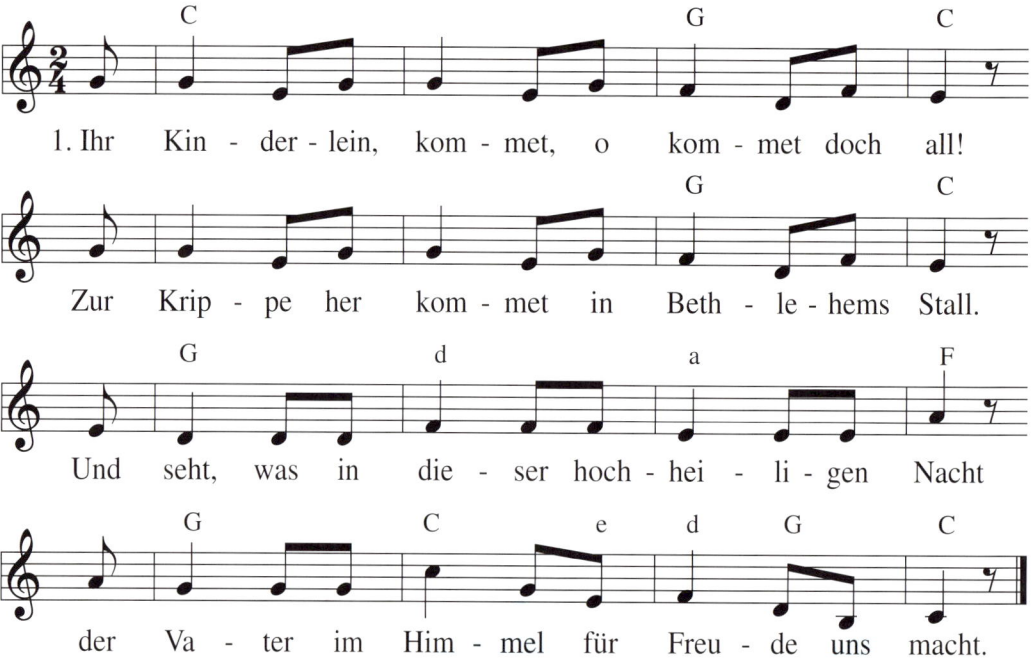

1. Ihr Kin - der - lein, kom - met, o kom - met doch all!

Zur Krip - pe her kom - met in Beth - le - hems Stall.

Und seht, was in die - ser hoch - hei - li - gen Nacht

der Va - ter im Him - mel für Freu - de uns macht.

2. O seht in der Krippe im nächtlichen Stall,
seht hier bei des Lichtleins hellglänzendem Strahl
in reinlichen Windeln das himmlische Kind,
viel schöner und holder, als Engelein sind.

3. Da liegt es, ihr Kinder, auf Heu und auf Stroh;
Maria und Josef betrachten es froh.
Die redlichen Hirten knien betend davor;
hoch oben schwebt jubelnd der Engelein Chor.

4. O beugt, wie die Hirten,
anbetend die Knie,
erhebet die Händlein
und betet wie sie!
Stimmt freudig, ihr Kinder,
– wer soll sich nicht freun? –
stimmt freudig zum Jubel
der Engel mit ein!

6. So nimm unsre Herzen
zum Opfer denn hin;
wir geben sie gerne
mit fröhlichem Sinn.
Und mache sie heilig
und selig wie deins,
und mach sie auf ewig
mit deinem in eins.

5. Was geben wir Kinder,
was schenken wir dir,
du bestes und liebstes
der Kinder, dafür?
Nichts willst du von Schätzen
und Reichtum der Welt,
ein Herz nur voll Demut
allein dir gefällt.

Text: Karl Enslin
Musik: Volkslied

Kling, Glöckchen

1. Kling, Glöck-chen, klin-ge-lin-ge-ling, kling, Glöck-chen, kling!

Lasst mich ein, ihr Kin - der, ist so kalt der Win - ter,

öff - net mir die Tü - ren, lasst mich nicht er - frie - ren!

Kling, Glöck-chen, klin-ge-lin-ge-ling, kling, Glöck-chen, kling!

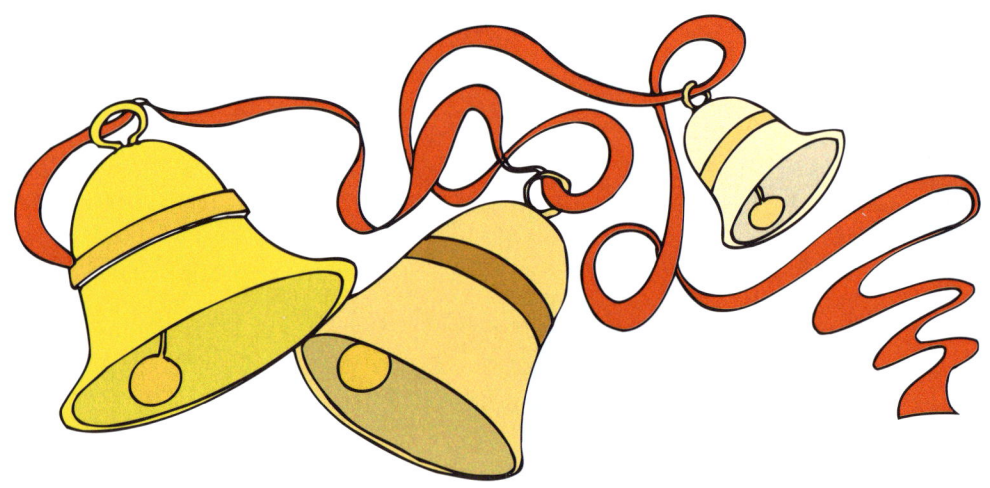

2. Kling, Glöckchen, klingelingeling, kling, Glöckchen, kling!
Mädchen hört und Bübchen, macht mir auf das Stübchen,
bring euch viele Gaben, sollt euch dran erlaben!
Kling, Glöckchen, klingelingeling,
kling, Glöckchen, kling!

3. Kling, Glöckchen, klingelingeling, kling, Glöckchen, kling!
Hell erglühn die Kerzen, öffnet mir die Herzen!
Will drin wohnen fröhlich, frommes Kind, wie selig!
Kling, Glöckchen, klingelingeling,
kling, Glöckchen, kling!

Volkslied

Lasst uns froh und munter sein

1. Lasst uns froh und mun-ter sein und uns recht von

Her-zen freu'n! Lus-tig, lus-tig, tra-le-ra-la-la,

bald ist Ni-ko-laus - a-bend da, bald ist Ni-ko-laus - a-bend da!

2. Dann stell ich den Teller auf,
Nik'laus legt gewiss was drauf,
Lustig, lustig, traleralala,
|: bald ist Nikolausabend da! :|

3. Wenn ich schlaf, dann träume ich:
Jetzt bringt Nik'laus was für mich.
Lustig, lustig, traleralala,
|: bald ist Nikolausabend da! :|

4. Wenn ich aufgestanden bin,
lauf ich schnell zum Teller hin.
Lustig, lustig, traleralala,
|: bald ist Nikolausabend da! :|

5. Nik'laus ist ein guter Mann,
dem man nicht g'nug danken kann.
Lustig, lustig, traleralala,
|: bald ist Nikolausabend da! :|

Text und Musik: Eduard Ebel

Leise rieselt der Schnee

F   g C   B

1. Lei - se rie - selt der Schnee, still und starr liegt der See,

g   C A d   g   C   F

weih-nacht-lich glän-zet der Wald, freu-e dich, 's Christ-kind kommt bald!

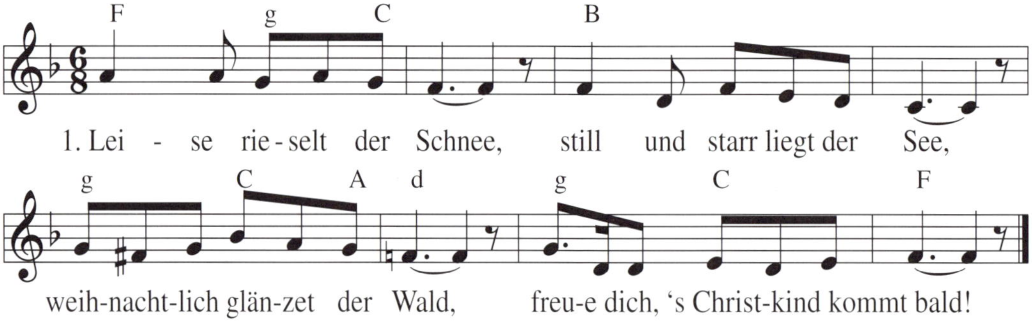

2. In den Herzen ist's warm,
still schweigt Kummer und Harm,
Sorge des Lebens verhallt;
freue dich, 's Christkind kommt bald!

3. Bald ist heilige Nacht,
Chor der Engel erwacht,
horch nur, wie lieblich es schallt,
freue dich, 's Christkind kommt bald!

Text: Heinrich Hoffmann von Fallersleben
Musik: Alte Volksweise

Morgen kommt der Weihnachtsmann

1. Mor-gen kommt der Weih-nachts-mann, kommt mit sei-nen Ga - ben,

Trom-mel, Pfei-fe und Ge - wehr, Fahn und Sä-bel und noch mehr,

ja ein gan-zes Krie-ges - heer, möcht' ich ger-ne ha - ben.

2. Bring' uns,
lieber Weihnachtsmann,
bring' auch morgen, bringe.
Musketier und Grenadier,
Zottelbär und Pantertier,
Ross und Esel, Schaf und Stier,
lauter schöne Dinge.

3. Doch du weißt ja
unsern Wunsch,
kennest unsere Herzen.
Kinder, Vater und Mama,
auch sogar der Großpapa,
alle, alle sind wir da,
warten dein mit Schmerzen.

Volkslied

Morgen, Kinder, wird's was geben

1. Mor-gen, Kin-der, wird's was ge - ben, mor-gen wer-den wir uns freu'n!

Welch ein Ju-bel, welch ein Le - ben wird in un-serm Hau-se sein!

Ein-mal wer-den wir noch wach, hei - ßa, dann ist Weih-nachts-tag!

2. Wie wird dann die Stube glänzen
von der großen Lichterzahl!
Schöner als bei frohen Tänzen
ein geputzter Kronensaal!
Wisst ihr noch, wie vor'ges Jahr
es am heil'gen Abend war?

3. Wisst ihr noch mein Räderpferdchen,
Malchens nette Schäferin,
Jettchens Küche mit dem Herdchen
und dem blankgeputzten Zinn?
Heinrichs bunten Harlekin
mit der gelben Violin?

4. Welch ein schöner Tag ist morgen!
Neue Freude hoffen wir.
Unsre guten Eltern sorgen
lange, lange schon dafür.
O gewiss, wer sie nicht ehrt,
ist der ganzen Lust nicht wert!

Text: Johannes Daniel Falk
Musik: Volkslied

O du fröhliche

1. O du fröh - li - che, o du se - li - ge, gna - den - brin - gen - de Weih - nachts - zeit. Welt ging ver - lo - ren, Christ ward ge - bo - ren. Freu - e, freu - e dich, o Chris - ten - heit!

2. O du fröhliche, o du selige,
gnadenbringende Weihnachtszeit.
Christ ist erschienen, uns zu versühnen,
freue, freue dich, o Christenheit!

3. O du fröhliche, o du selige,
gnadenbringende Weihnachtszeit.
Himmlische Heere jauchzen dir Ehre.
Freue, freue dich, o Christenheit!

Text: Ernst Anschütz
Musik: Volkslied

O Tannenbaum

1. O Tan-nen-baum, o Tan-nen-baum, wie grün sind dei - ne Blät - ter.

Du grünst nicht nur zur Som-mer-zeit, nein, auch im Win - ter, wenn es schneit.

O Tan-nen-baum, o Tan-nen-baum, wie grün sind dei - ne Blät - ter.

2. O Tannenbaum, o Tannenbaum,
du kannst mir sehr gefallen!
Wie oft hat schon zur Weihnachtszeit
ein Baum von dir mich hoch erfreut!
O Tannenbaum, o Tannenbaum,
du kannst mir sehr gefallen!

3. O Tannenbaum, o Tannenbaum,
dein Kleid will mich was lehren:
Die Hoffnung und Beständigkeit
gibt Mut und Kraft zu jeder Zeit!
O Tannenbaum, o Tannenbaum,
dein Kleid will mich was lehren.

Text: Joseph Mohr
Musik: Franz Xaver Gruber

Stille Nacht

1. Stil - le Nacht! Hei-li-ge Nacht! Al - les schläft; ein - sam wacht

nur das trau-te hoch - hei-li-ge Paar. Hol - der Kna-be im lo-cki-gen Haar,

schlaf in himm-li-scher Ruh! Schlaf in himm-li-scher Ruh!

2. Stille Nacht! Heilige Nacht!
Gottes Sohn! O wie lacht
lieb' aus deinem göttlichen Mund,
da schlägt uns die rettende Stund'.
|: Jesus in deiner Geburt! :|

3. Stille Nacht! Heilige Nacht!
Die der Welt Heil gebracht
aus des Himmels goldenen Höhn
uns der Gnaden Fülle lässt seh'n
|: Jesum in Menschengestalt. :|

4. Stille Nacht! Heilige Nacht!
Wo sich heut alle Macht
väterlicher Liebe ergoss
und als Bruder huldvoll umschloss
l: Jesus die Völker der Welt. :l

5. Stille Nacht! Heilige Nacht!
Lange schon uns bedacht,
als der Herr vom Grimme befreit,
in der Väter urgrauer Zeit
l: aller Welt Schonung verhieß. :l

6. Stille Nacht! Heilige Nacht!
Hirten erst kundgemacht
durch der Engel Alleluja,
tönt es laut bei Ferne und Nah:
l: Jesus der Retter ist da! :l

Volkslied

Süßer die Glocken nie klingen

1. Sü - ßer die Glo-cken nie klin-gen   als   zu der Weih - nachts-zeit:

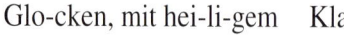

S' ist, als ob En-ge-lein   sin - gen   wie-der von Frie-den und Freud'.

Wie sie ge - sun-gen in   se-li-ger Nacht, wie sie ge - sun-gen in   se-li-ger Nacht,

Glo-cken, mit hei-li-gem   Klang,   klin-get die Er - de   ent - lang!

2. O, wenn die Glocken erklingen,
schnell sie das Christkindlein hört:
Tut sich vom Himmel dann schwingen
eilig hernieder zur Erd'.
|: Segnet den Vater,
die Mutter, das Kind, :|
Glocken mit heiligem Klang,
klinget die Erde entlang!

3. Klinget mit lieblichem Schalle
über die Meere noch weit,
dass sich erfreuen doch alle
seliger Weihnachtszeit.
|: Alle aufjauchzen
mit herrlichem Sang, :|
Glocken mit heiligem Klang,
klinget die Erde entlang!

Text und Musik: nach Martin Luther

Vom Himmel hoch da komm ich her

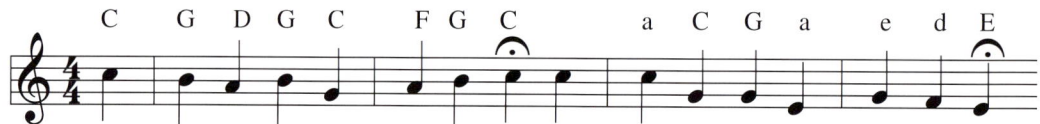

1. Vom Him-mel hoch, da komm' ich her. Ich bring' euch gu-te neu-e Mär,

der gu-ten Mär bring' ich so viel, da - von ich sin-gen und sa - gen will.

2. Euch ist ein Kindlein heut' gebor'n
von einer Jungfrau auserkor'n,
ein Kindelein, so zart und fein,
das soll eu'r Freud' und Wonne sein.

3. Es ist der Herr Christ, unser Gott,
der will euch führ'n aus aller Not,
er will eu'r Heiland selber sein,
von allen Sünden machen rein.

4. Er bringt euch alle Seligkeit,
die Gott der Vater hat bereit,
dass ihr mit uns im Himmelreich
sollt leben nun und ewiglich.

5. So merket nun das Zeichen recht,
die Krippe, Windelein so schlecht,
da findet ihr das Kind gelegt,
das alle Welt erhält und trägt.

6. Des lasst uns alle fröhlich sein
und mit den Hirten gehn hinein,
zu sehn, was Gott uns hat beschert
mit seinem lieben Sohn verehrt.

7. Merk auf, mein Herz,
und sieh dort hin!
Was liegt dort in dem Krippelein?
Wer ist das schöne Kindelein?
Es ist das liebe Jesulein.

8. Bist willekomm, du edler Gast!
Den Sünder nicht verschmähet hast.
Und kommst ins Elend her zu mir,
wie soll ich immer danken dir?

9. Ach, Herr, du Schöpfer aller Ding',
wie bist du geworden so gering,
dass du da liegst auf dürrem Gras,
davon ein Rind und Esel aß!

10. Und wär' die Welt vielmal so weit,
von Edelstein und Gold bereit't,
so wär' sie doch dir viel zu klein,
zu sein ein enges Wiegelein.

11. Der Sammet und die Seide dein,
das ist grob Heu und Windelein,
darauf du König groß und reich
herprangst, als wär's dein Himmelreich.

12. Das hat also gefallen dir,
die Wahrheit anzuzeigen mir:
Wie aller Welt Macht, Ehr' und Gut
vor dir nichts gilt, nichts hilft noch tut.

13. Ach, mein herzliebes Jesulein,
mach dir ein rein, sanft Bettelein,
zu ruhen in mein's Herzens Schrein,
dass ich nimmer vergesse dein!

14. Davon ich allzeit fröhlich sei,
zu springen, singen immer frei
das rechte Susaninne schon,
mit Herzenslust den süßen Ton.

15. Lob, Ehr' sei Gott im höchsten Thron,
der uns schenkt seinen eig'nen Sohn!
Des freuen sich der Engel Schar
und singen uns solch neues Jahr.

Internationale Lieder/
Moderne Klassiker

Wo man singt, da lass dich ruhig nieder. Dieses Kapitel zeigt, dass man das Sprichwort in der ganzen Welt beherzigen kann: So auf der Brücke in Avignon, oder auf der Farm von Old MacDonald. Und irgendwie gibt es Probleme, die sind einfach weltweit bekannt, wie das Lied, das sich um den betrunkenen Seemann dreht (»What shall we do with a drunken sailor?«), oder die Geschichte von der Schönen namens Clementine. Auch in das Land der Phantasie reisen wir in diesem Kapitel – und treffen berühmte Einwohner: Von der Insel mit zwei Bergen fahren wir zu Pippi Langstrumpf, der rosarote Panther treibt sein Unwesen, und Pumuckl tollt durch die Wohnung von Meister Eder. Und schließlich summt die Biene Maja von Blüte zu Blüte.

Text und Musik: Howard Carpendale,
Joachim Horn, Ulrich König, Fritz Muschler

Hurra, hurra, der Pumuckl ist da

Hur - ra, hur - ra der Ko-bold mit dem ro-ten Haar, hur-ra, hur-ra, der Pu-mu-ckl ist da, der Pu-mu-ckl ist da! 1. Am liebs-ten macht er Scha-ber-nack, Leu - te är - gern nicht zu knapp, schwupp, schon ist die Fei - le weg; wer hat die wohl weg-ver-steckt? Hur-ra, hur - ra der Ko-bold mit dem ro - ten Haar, hur-ra, hur - ra, der Pu-mu-ckl ist da! der Pu-mu-ckl ist da!

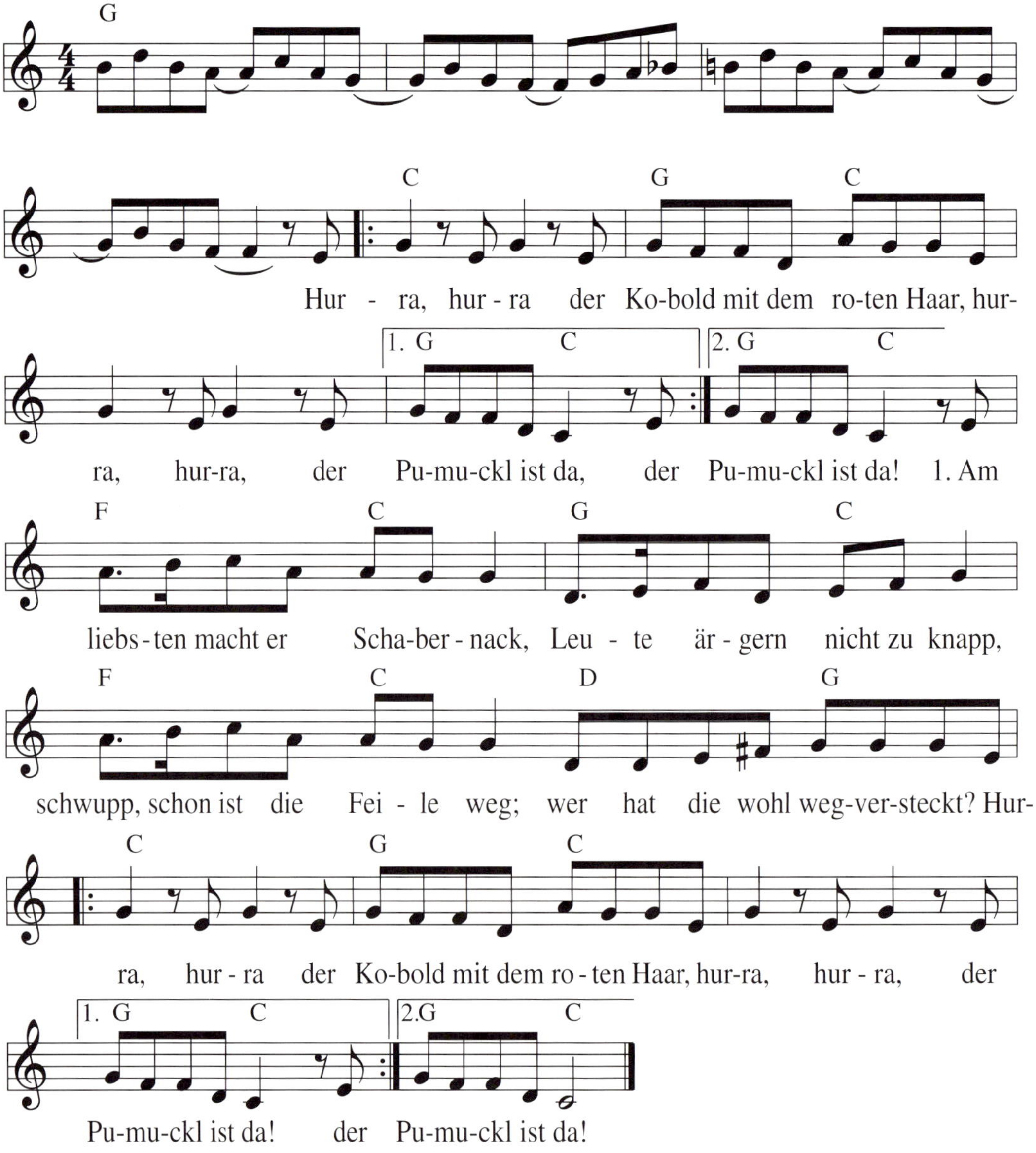

Text: Eberhard Storeck
Musik: Fred Strittmatter, Quirin Amper

Wer hat an der Uhr gedreht?

Instrumental

Wer hat an der Uhr ge-dreht,
ist es wirk-lich schon so spät? Soll das hei - ßen, ja ihr Leut,
mit dem Paul ist Schluss für heut? Paul-chen, Paul-chen, mach doch wei-ter!
Jag das Männ-chen auf die Lei - ter. Säg und pins - le bunt die Wän-de,
trei - be Scher-ze oh - ne En - de! Machst ja manch-mal schlim-me Sa - chen,
ü - ber die wir trotz-dem la - chen. Denn Du bist, wir ken-nen Dich,

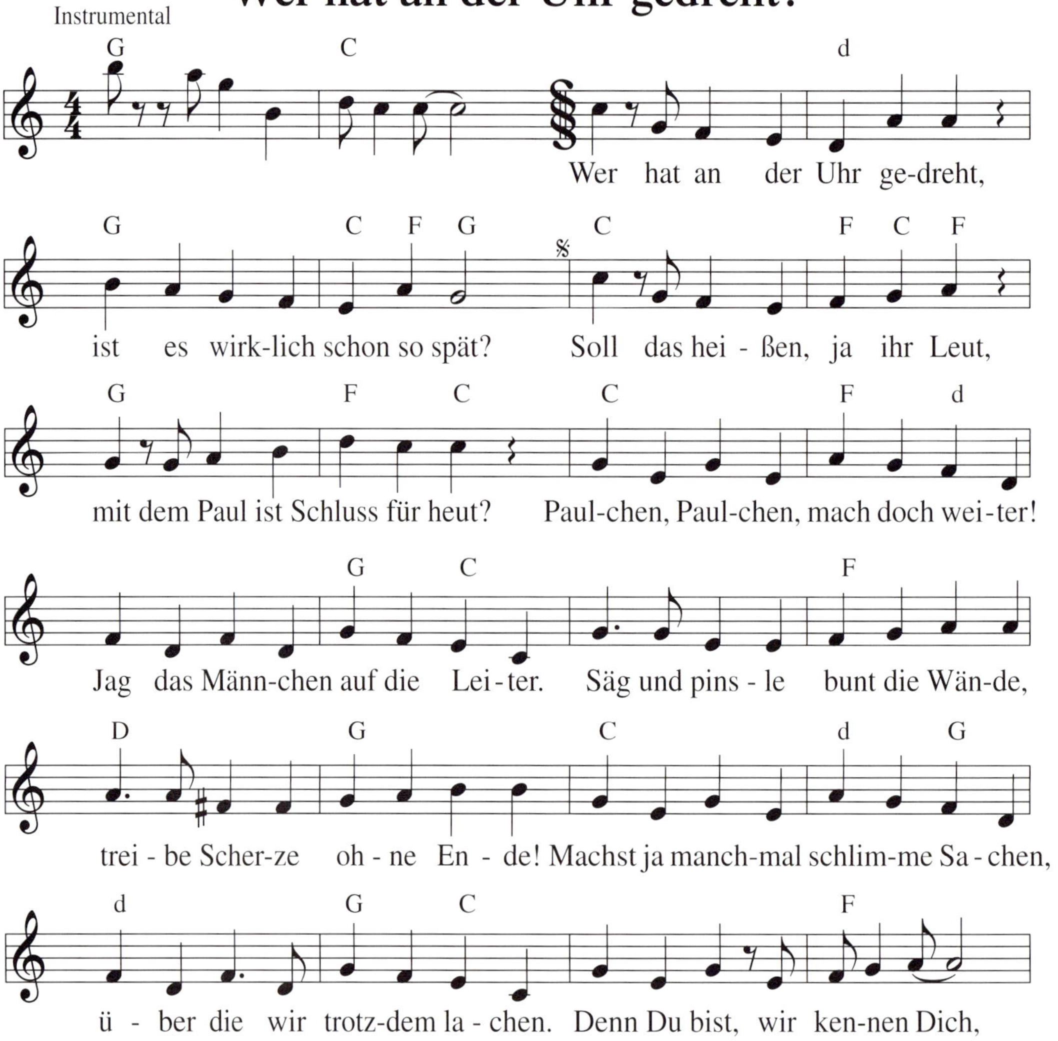

G   F   C

doch   nur Farb und Pin-sel-strich.

Vom Zeichen 𝄋 bis 𝄌 – 𝄌

C   F   G   langsamer werden

Stimmt es,   dass es   sein muss,   ist für heu-te

F G   im Tempo   C

wirk-lich Schluss?   Ja,   für heut' ist   wirk-lich   Schluss!

179

Text: Florian Cusano
Musik: Karel Svoboda

Biene Maja

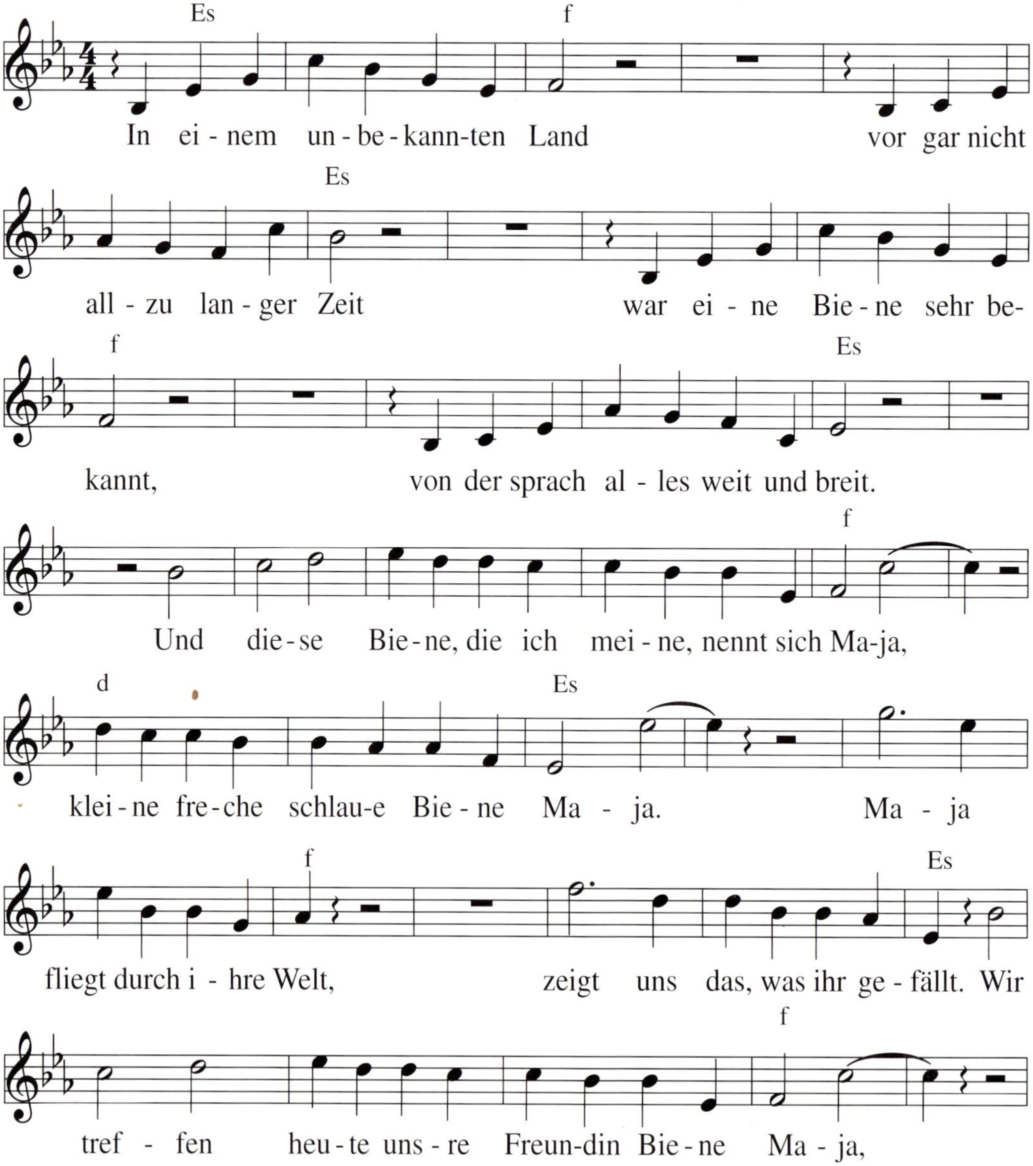

In ei-nem un-be-kann-ten Land vor gar nicht

all - zu lan-ger Zeit war ei - ne Bie - ne sehr be-

kannt, von der sprach al - les weit und breit.

Und die-se Bie-ne, die ich mei-ne, nennt sich Ma-ja,

klei-ne fre-che schlau-e Bie - ne Ma - ja. Ma - ja

fliegt durch i - hre Welt, zeigt uns das, was ihr ge-fällt. Wir

tref - fen heu-te uns-re Freun-din Bie - ne Ma - ja,

die - se klei-ne   fre - che Bie - ne Ma - ja.   Ma - ja,

al - le lie - ben Ma - ja.   Ma - ja.   Ma - ja,

Ma - ja, er - zäh - le uns von dir!

Text: M. Meinschaefer, S. Schoplik,
D. Stahlschmidt, M. Jenning, M. Ende
Musik: M. Meinschaefer, S. Schoplik,
D. Stahlschmidt, H. Amann

Eine Insel mit zwei Bergen

1. Ei - ne In-sel mit zwei Ber-gen in dem tie-fen wei-ten Meer, mit viel

Tun-nels und Ge - lei - sen und dem Ei - sen-bahn-ver-kehr. Nun wie

mag die In - sel hei-ßen, rings-he - rum ist schö-ner Strand, je - der

soll-te ein-mal rei-sen in das schö-ne Lum-mer-land.

Instrumental

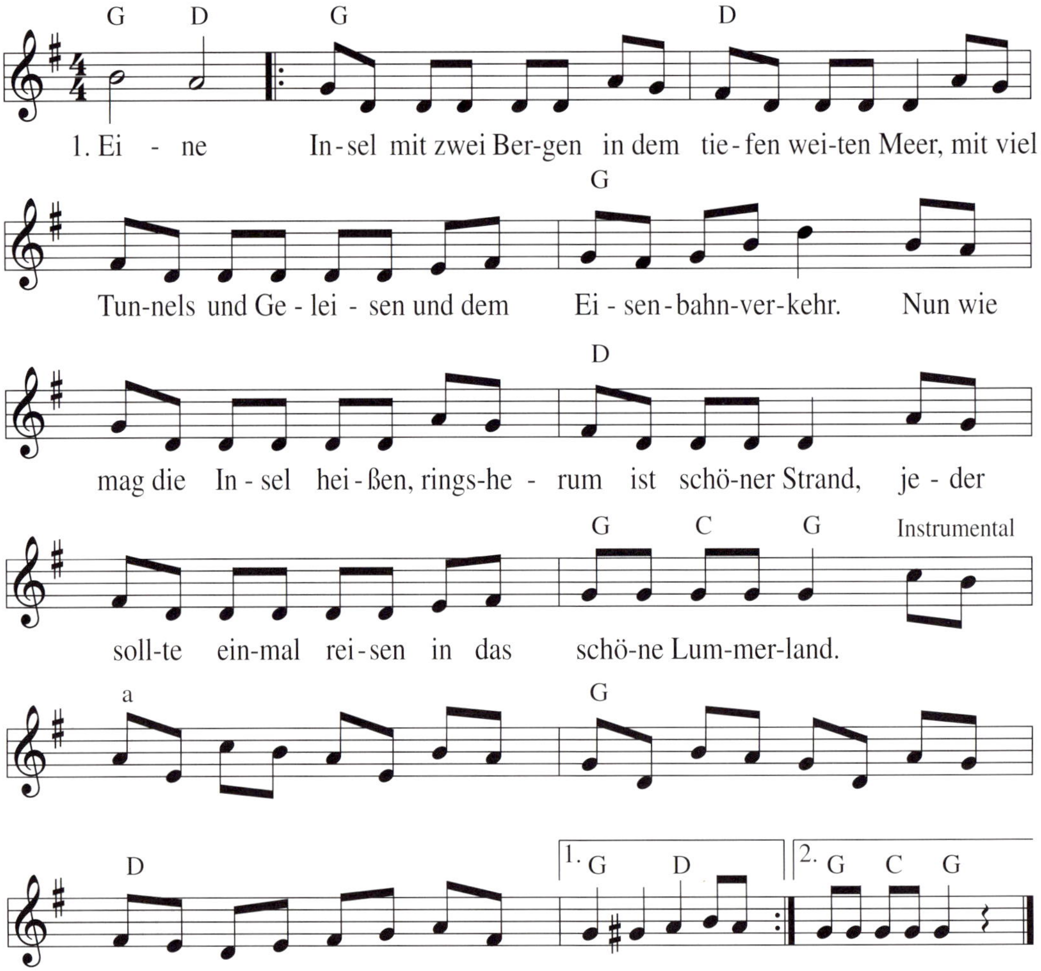

2. Eine Insel mit zwei Bergen
und dem Foto-Atelier,
in dem letzten macht man Bilder
auf dem ersten »Dullijö«.
Diese Breiten, diese Tiefen,
diese Höhen sind bekannt,
und man spricht von den Motiven,
von dem schönen Lummerland.

3. Eine Insel mit zwei Bergen
und dem Fernsprechtelefon,
wählt man nur die richt'ge Nummer,
klappt auch die Verbindung schon.
Hallo, hier ist falsch verbunden,
wollen sie sich jetzt beschwer'n?
Nein, warum, das kann passieren,
also dann auf wiederhör'n.

4. Eine Insel mit zwei Bergen
und der Laden von Frau Waas,
Hustenbonbons, Alleskleber,
Regenschirme, Leberkas,
Körbe, Hüte, Lampen, Bürsten,
Blumenkohl und Fensterglas,
Lederhosen, Kuckucksuhren,
und noch dies, und dann noch das.

Text und Musik:
Abraham Zwi Idelsohn

Hawa nagila

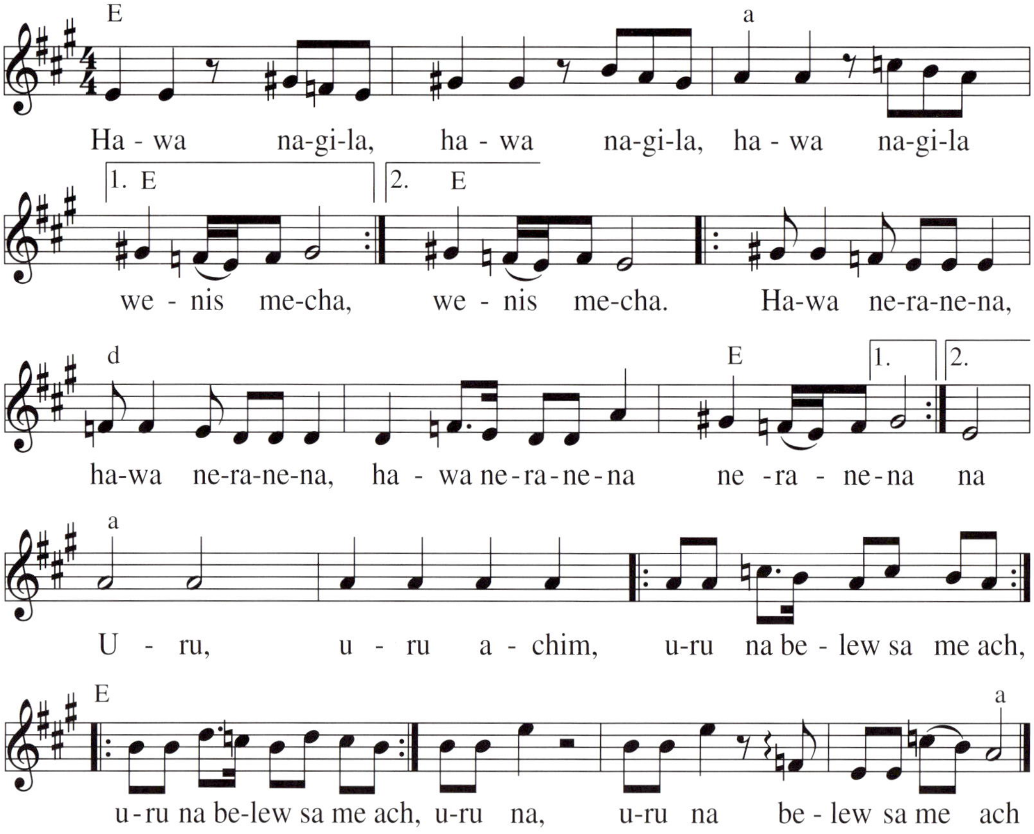

Ha - wa na-gi-la, ha - wa na-gi-la, ha-wa na-gi-la

we - nis me-cha, we - nis me-cha. Ha-wa ne-ra-ne-na,

ha-wa ne-ra-ne-na, ha - wa ne-ra-ne-na ne - ra - ne-na na

U - ru, u - ru a - chim, u-ru na be - lew sa me ach,

u - ru na be-lew sa me ach, u-ru na, u-ru na be - lew sa me ach

Text: Astrid Lindgren
Übersetzung: Wolfgang Franke
Musik: Jan Johansson

Hei, Pippi Langstrumpf

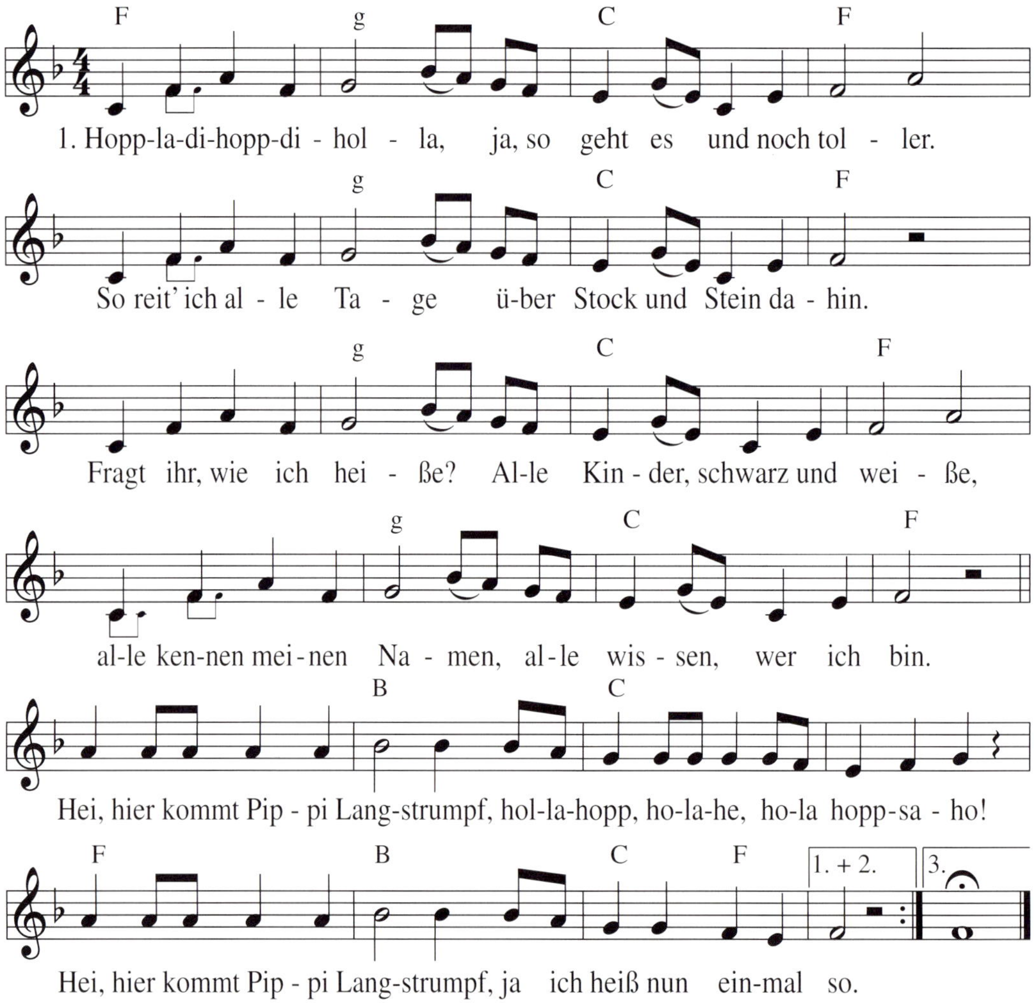

1. Hopp-la-di-hopp-di-hol - la, ja, so geht es und noch tol - ler.

So reit' ich al - le Ta - ge ü-ber Stock und Stein da - hin.

Fragt ihr, wie ich hei - ße? Al-le Kin - der, schwarz und wei - ße,

al-le ken-nen mei-nen Na - men, al-le wis - sen, wer ich bin.

Hei, hier kommt Pip - pi Lang-strumpf, hol-la-hopp, ho-la-he, ho-la hopp-sa - ho!

1. + 2.   3.

Hei, hier kommt Pip - pi Lang-strumpf, ja ich heiß nun ein-mal so.

2. Kennt ihr schon mein Äffchen,
mein süßes kleines Äffchen?
Seht ihr den Herrn Nilsson,
wie er auf dem Pferdchen thront?
Seht ihr dort die Villa,
dort die kunterbunte Villa?
Könnt ihr, könnt ihr raten,
könnt ihr raten, wer dort wohnt?
Hei, da wohnt Pippi Langstrumpf,
hollahopp, holahe, hinterm Haselstrauch!
Hei, da wohnt Pippi Langstrumpf
und ihr Pferd und Äffchen auch.

3. Ich hab ein Haus mit Gärtchen
und ein Äffchen und ein Pferdchen
und Geld 'nen ganzen Koffer
und was Leckeres im Topf.
Macht euch auf die Beine, alle Freunde,
groß und kleine,
kommt zu mir in meine Villa,
kommt, wir stell'n sie auf den Kopf.
Hei, kommt zu Pippi Langstrumpf,
hollahopp, holahe, ja dann wird's ganz groß.
Hei, kommt zu Pippi Langstrumpf,
holla-hopp, da ist was los.

Weihnachtslied aus den USA

Jingle bells

1. Jing-le bells, jing-le bells, jing-le all the way, oh, what fun it is to ride in a one horse o-pen sleigh. Hey! Jing-le bells, jing-le bells, jing-le all the way, oh, what fun it is to ride in a one horse o-pen sleigh.

Dash-ing through the snow in a one horse o-pen sleigh, o'er the fields we go, laugh-ing all the way. Bells on bob-tails ring, mak-ing spi-rits bright. What fun it is to ride and sing a sleigh-ing song to-night. Oh!

Volkslied aus Afrika

Kumba yah my Lord

1. Kum ba yah, my Lord, Kum ba yah! Kum ba yah, my Lord, Kum ba yah! Kum ba yah, my Lord, Kum ba yah! Oh Lord! Kum ba yah!

2. Hear me crying, Lord, Kum ba yah!
Hear me crying, Lord, Kum ba yah!
Hear me crying, Lord, Kum ba yah!
Oh Lord! Kum ba yah!

3. Hear me singing, Lord, Kum ba yah!
Hear me singing, Lord, Kum ba yah!
Hear me singing, Lord, Kum ba yah!
Oh Lord! Kum ba yah!

4. Hear me praying, Lord, Kum ba yah!
Hear me praying, Lord, Kum ba yah!
Hear me praying, Lord, Kum ba yah!
Oh Lord! Kum ba yah!

5. Oh I need you, Lord, Kum ba yah!
Oh I need you, Lord, Kum ba yah!
Oh I need you, Lord, Kum ba yah!
Oh Lord! Kum ba yah!

Volkslied aus den USA

Oh my darling Clementine

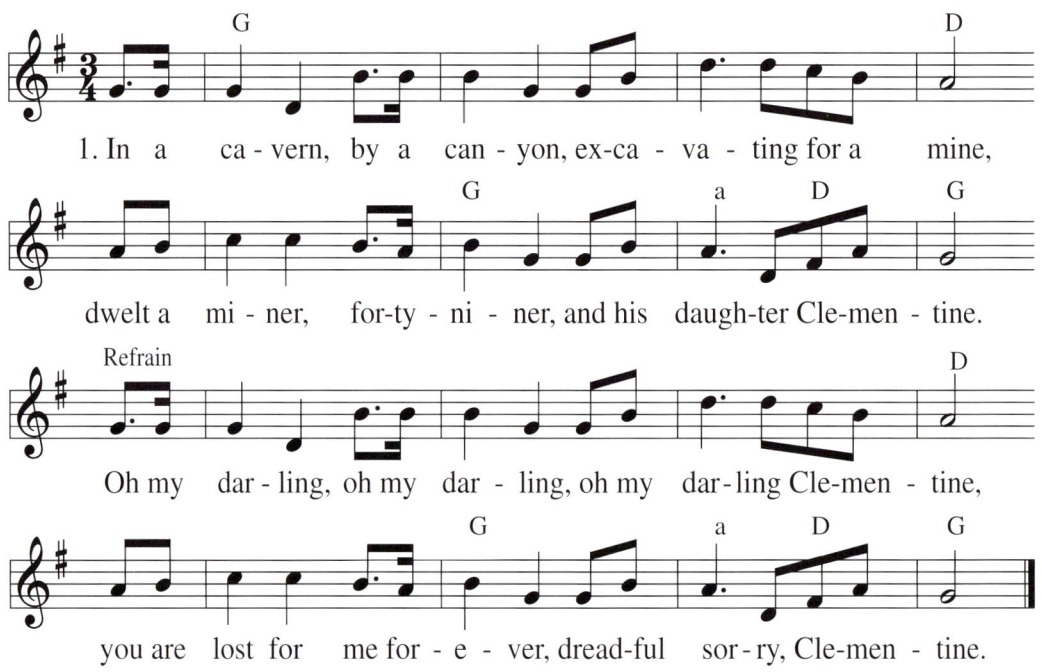

1. In a ca - vern, by a can - yon, ex-ca - va - ting for a mine,
dwelt a mi - ner, for-ty - ni - ner, and his daugh-ter Cle-men - tine.

Refrain
Oh my dar - ling, oh my dar - ling, oh my dar-ling Cle-men - tine,
you are lost for me for - e - ver, dread-ful sor - ry, Cle-men - tine.

2. Light she was, and like a fairy,
and her shoes were number nine,
herring boxes without topses,
sandals were for Clementine.
(Refrain)

3. Drove she ducklings to the water,
every morning just at nine,
struck her foot against a splinter,
fell into the foaming brine.
(Refrain)

4. Rosy lips above the water,
blowing bubbles mighty fine,
but, alas, I was no swimmer,
so I lost my Clementine.
(Refrain)

5. How I missed her!
How I missed her!
How I missed my Clementine!
But I kissed her little sister,
and forgot my Clementine.
(Refrain)

Volkslied aus den USA

Old Mac Donald had a farm

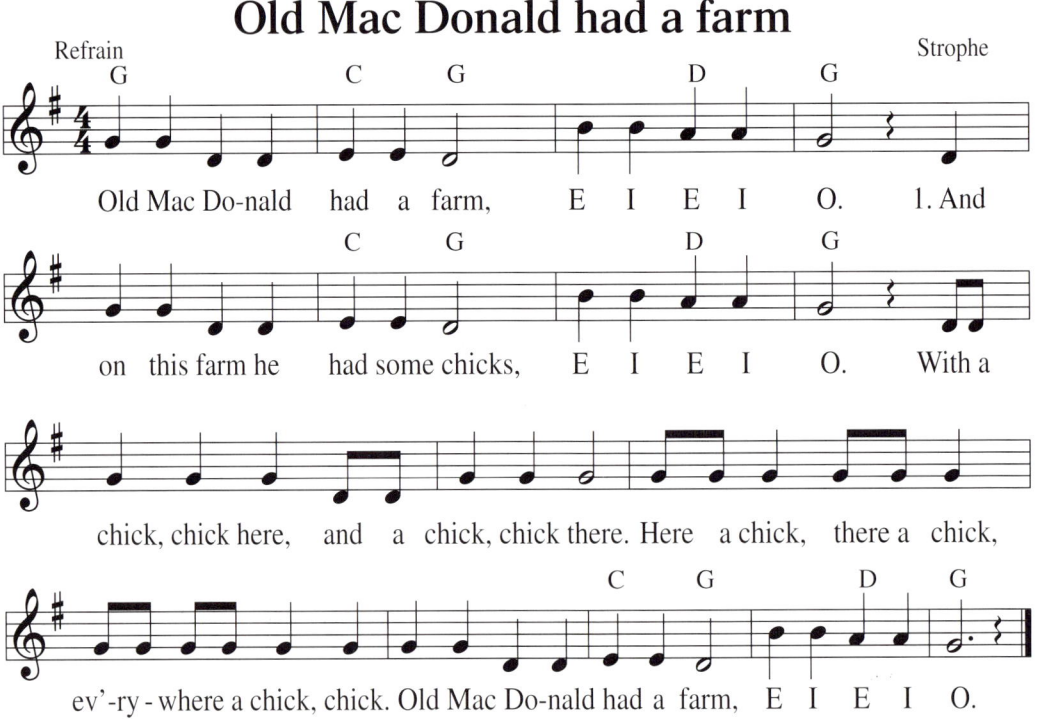

Refrain
Old Mac Do-nald had a farm, E I E I O. 1. And
on this farm he had some chicks, E I E I O. With a
chick, chick here, and a chick, chick there. Here a chick, there a chick,
ev'ry - where a chick, chick. Old Mac Do-nald had a farm, E I E I O.

(Refrain)
2. And on this farm
he had some ducks …
With a quack, quack here …

(Refrain)
3. And on this farm
he had some geese …
With a gabble, gabble here …

(Refrain)
4. And on this farm he had a pig …
With a oink, oink here …

(Refrain)
5. And on this farm he had a cow …
With a moo, moo here …

(Refrain)
6. And on this farm he had a cat …
With a meow, meow here …

(Refrain)
7. And on this farm he had a mule …
With a heehaw here …

Volkslied aus Frankreich

Sur le pont d'Avignon

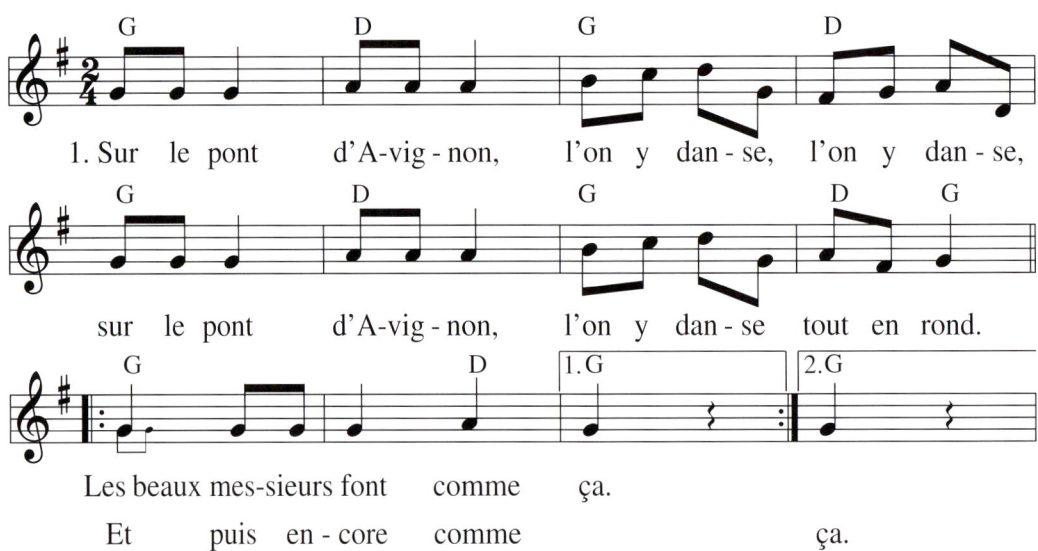

1. Sur le pont d'A-vig - non, l'on y dan - se, l'on y dan - se,

sur le pont d'A-vig - non, l'on y dan - se tout en rond.

Les beaux mes-sieurs font comme ça.

Et puis en - core comme ça.

2. Sur le pont d'Avignon,
l'on y danse, l'on y danse,
sur le pont d'Avignon,
l'on y danse tout en rond.
Les belles dames font comme ça
et puis encore comme ça.
Sur le pont d'Avignon,
l'on y danse, l'on y danse,
sur le pont d'Avignon,
l'on y danse tout en rond.

3. Les officiers font comme ça …

4. Les bébés font comme ça …

5. Les musiciens font comme ça …

6. Les bons amis font comme ça …

7. Et les gamins font comme ça …

8. Et les abbés font comme ça …

9. Les laveuses font comme ça …

Volkslied aus den USA

We wish you a merry christmas

1. We wish you a mer-ry christ-mas, we wish you a mer-ry christ-mas

we wish you a mer-ry christ-mas and a hap-py new year.

Ende

Refrain

Glad ti-dings we bring, to you and your kin;

glad ti-dings for christ-mas and a hap-py new year!

Von Anfang bis Ende

2. |: We want some figgy pudding, :|
we want some figgy pudding,
please bring it right here!
(Refrain)

3. |: We won't go until we get some, :|
we won't go until we get some,
so bring it out here!
(Refrain)

4. |: We all know that Santa's coming, :|
we all know that Santa's coming,
and soon will be here.
(Refrain)

5. |: We wish you a merry christmas, :|
we wish you a merry christmas
and a happy new year.
(Refrain)

Englisches Seemannslied

What shall we do with a drunken sailor

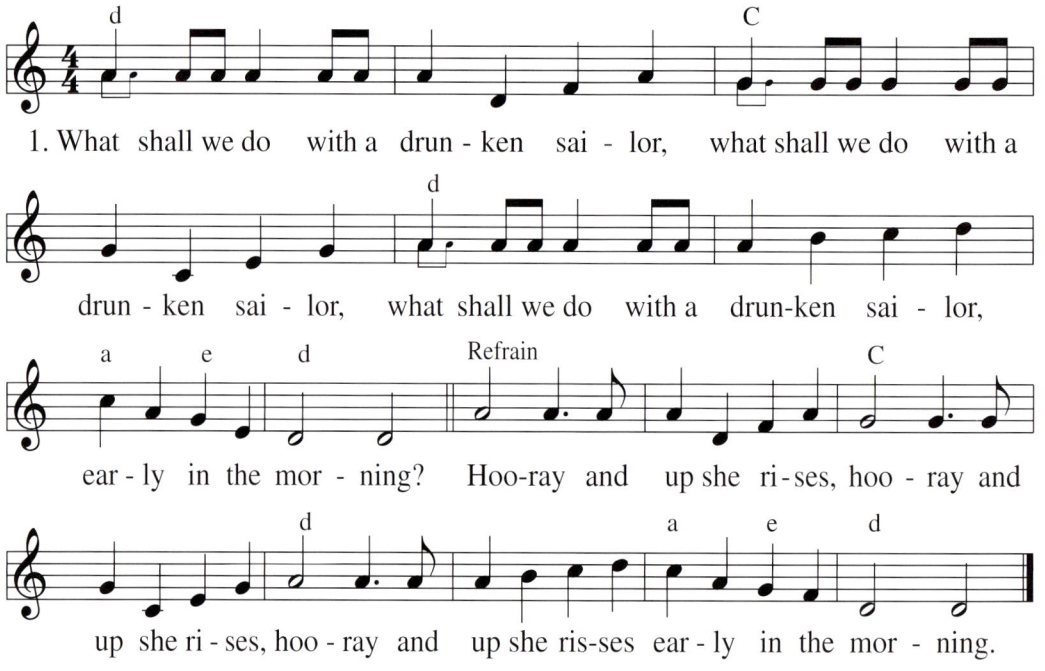

1. What shall we do with a drun-ken sai - lor, what shall we do with a drun - ken sai - lor, what shall we do with a drun-ken sai - lor, ear - ly in the mor - ning? Hoo-ray and up she ri - ses, hoo - ray and up she ri - ses, hoo - ray and up she ris-ses ear - ly in the mor - ning.

2. Sling him in the long boat till he's sober
… early in the morning.
(Refrain)

3. Send him up the crow's nest till he falls down
… early in the morning.
(Refrain)

4. Tie him to the taffrail when she's yardarm under
… early in the morning.
(Refrain)

5. Soak 'im in oil till he sprouts flippers
… early in the morning.
(Refrain)

6. Put him in the guard room till he's sober
… early in the morning.
(Refrain)

7. Put him in the scuffs until the horse bites on him
… early in the morning.
(Refrain)

8. Pull out the plug and wet him all over
… early in the morning.
(Refrain)

9. Give 'im a dose of salt and water
… early in the morning.
(Refrain)

10. Stick on 'is back a mustard plaster
… early in the morning.
(Refrain)

11. Shave his belly with a rusty razor
… early in the morning.
(Refrain)

Register

Umschlagabbildung: © Zefa

Biene Maja, Hei, Pippi Langstrumpf, Wer hat an der Uhr gedreht?
© by Filmkunst Musikverlag GmbH & Co., Edition Junior, München

Eine Insel mit zwei Bergen
© by Musik-Edition Discoton GmbH/Macht die Musik Musikverlag GmbH/Thienemanns Verlag
GmbH & Co. Alle Rechte für die Welt adm. by BMG Music Publishing Germany

Hurra, hurra, der Pumuckl ist da
© by Edition Accord Musikverlag GmbH & Co. KG, Hamburg/Checkpoint Film- und Musikproduk-
tion GmbH

Die kleine Raupe Nimmersatt
© by Rosemarie Fröhlich, Bad Wörishofen

Wir haben uns bemüht, alle Urheber oder deren Rechtsnachfolger ausfindig zu machen. Die Rechte-
inhaber, die nicht ermittelt werden konnten, wenden sich bitte an den Verlag.
Entsprechendes gilt für die Quellenangaben.

Bibliografische Information Der Deutschen Bibliothek
Die Deutsche Bibliothek verzeichnet diese Publikation in der Deutschen Nationalbibliografie; detail-
lierte bibliografische Daten sind im Internet über http://dnb.ddb.de abrufbar.

Originalausgabe
© 2003 DuMont monte Verlag, Köln
Alle Rechte vorbehalten
Illustrationen: Albert Kokai
Producing, Layout und DTP: Verlagsbüro Michael Holtmann, Bayreuth
Musikalische Beratung: Heinz-Ulf Hertel
Druck und buchbinderische Verarbeitung: Appl, Wemding

Printed in Germany

ISBN 3-3820-8807-5